METAVERSE

元宇宙

如何引领未来世界的变革

郑　刚　主编

田雨川　周继文　谢　文　任立亚　副主编

人民东方出版传媒
People's Oriental Publishing & Media

東方出版社
The Oriental Press

图书在版编目（CIP）数据

元宇宙：如何引领未来世界的变革 / 郑刚主编．—北京：东方出版社，2022.3
ISBN 978-7-5207-2598-9

Ⅰ．①元… Ⅱ．①郑… Ⅲ．①信息经济 Ⅳ．① F49

中国版本图书馆 CIP 数据核字（2022）第 018574 号

元宇宙：如何引领未来世界的变革
（YUANYUZHOU：RUHE YINLING WEILAI SHIJIE DE BIANGE）

作　　者：郑　刚
责任编辑：张永生　杨润杰　温帮权
责任校对：金学勇
出　　版：东方出版社
发　　行：人民东方出版传媒有限公司
地　　址：北京市西城区北三环中路 6 号
邮　　编：100120
印　　刷：三河市龙大印装有限公司
版　　次：2022 年 3 月第 1 版
印　　次：2022 年 3 月北京第 1 次印刷
开　　本：710 毫米 ×1000 毫米　1/16
印　　张：17
字　　数：200 千字
书　　号：ISBN 978-7-5207-2598-9
定　　价：68.00 元
发行电话：（010）85924663　85924644　85924641

目录 CONTENTS

M E T A V E R S E

01

初识
元宇宙

METAVERSE

根据宇宙大爆炸理论的描述，早在138亿年前，一个温度极高、密度极大而体积却无限微小的物质，由于偶然的巨大爆炸产生了今天人类赖以生存、熟悉而又陌生的宇宙。这一爆炸让我们看到了美丽的

中国探月工程：2020年11月24日，“长征五号”遥五运载火箭成功发射“嫦娥五号”月球探测器

中新图片 / 骆云飞

"嫦娥奔月"，欣赏到了广袤无垠的银河星系，也让我们感叹宇宙的浩瀚与神秘。

在宇宙空间不断发展演变的过程中，人类对于宇宙的探索产生了极大的兴趣。1957 年，人类发射了第一颗人造地球卫星，打开了通向太空之门。1970 年，中国的第一颗人造地球卫星"东方红一号"将《东方红》的优美旋律传遍宇宙空间。随着人类对星辰大海的无限遐想，国际空间站、中国空间站、探月工程、火星计划更是推动了人类对宇宙空间的探索。

在探索宇宙物理空间的同时，人类也没有放弃对宇宙虚拟空间的探索。从 20 世纪下半叶起，人类对于宇宙虚拟空间的探索步伐开始加快。2009 年，电影《阿凡达》展示了人类利用生物链接技术，将人脑的潜意识带进神秘的潘多拉星球，从而在另一个空间世界中进行各种

2009 年 12 月 16 日，电影《阿凡达》在美国洛杉矶举行首映式

中新图片 / 张炜

人类活动的故事，淋漓尽致地展现了人类在虚拟空间的探索，同时也将宇宙物理空间与虚拟空间的融合搬上了银幕。同样，2010 年电影《盗梦空间》放映，道姆·柯布作为这部电影的主人公拥有创造不同等级梦境的能力，而且可以通过梦境进入他人的意识空间。影片的主人公不仅可以从他人的意识空间中窃取各种秘密，还可以改变他人的梦境。此电影一经放映，就引发了人们对现实宇宙世界之外空间的好奇和探索。当然，这些影视作品也推动了人类对元宇宙的探索。

（一）元宇宙的前世

伴随着对现实宇宙世界的追寻与探索，人类对宇宙有了更深的认知和理解，甚至有些思维超越了人类的一般认知。于是，“元宇宙”的

2021 年 10 月 29 日，美国 Facebook 宣布更名为“Meta”（元宇宙），其总部“大拇指”标志也被换成无限符号

中新图片 / 刘关关

概念在当今的信息化社会中突然引起广泛热议。2021 年，“元宇宙”这一词语犹如暴风骤雨一般席卷整个地球，在经济、文化、投资等领域方兴未艾，成为万众瞩目的热点。比如，2021 年 10 月 28 日，著名的 Facebook（脸书）公司正式宣布将公司名称变更为“Meta”，并声明将公司未来发展的重点转向与元宇宙的融合。

首先，元宇宙的名字究竟从何而来？当你第一次听到或看到“元宇宙”三个字时，不知各位读者的本能反应是什么。大概会是这样一堆问号：元宇宙是新的宇宙吗？难道发现了宇宙之外的另一个宇宙？元宇宙是一个新名词，只是赚取人们关注的噱头？其实，看过科幻小说《雪崩》的读者对这一概念应该不会陌生，因为其中出现了“Metaverse”一词。我们可以把这本小说作为“元宇宙”一词的初始来源，这也是人类对元宇宙的首次探秘。1992 年，美国科幻作家尼尔·斯蒂芬森创作了他人生当中的第一部赛博朋克式的科幻作品——《雪崩》，这部作品展现了作者的巨大创造力和想象力，因为他在小说中建构了一个脱离于现实物理世界，但始终与现实物理世界平行的数字世界。现在我们可以将其在小说中创造的数字世界看作今天的赛博网络空间或虚拟空间。

因为斯蒂芬森在作品《雪崩》中描述了这样一个场景：他进入了一个由电脑创造的新世界，他通过特殊的目镜设备，感受到了电脑世界里的广阔天地，通过耳机设备，感受到了电脑世界里的各种声音。他在这个电脑世界里感受着一个真实存在的自己。而他感受到的空间却是虚构的，是一个平行于现实世界的网络空间，人们可以通过虚拟现实进入其中。这个虚构的空间是一个开放的、无限的空间，所有人

美国作家尼尔·斯蒂芬森创作的小说《雪崩》封面

Amazon 官网

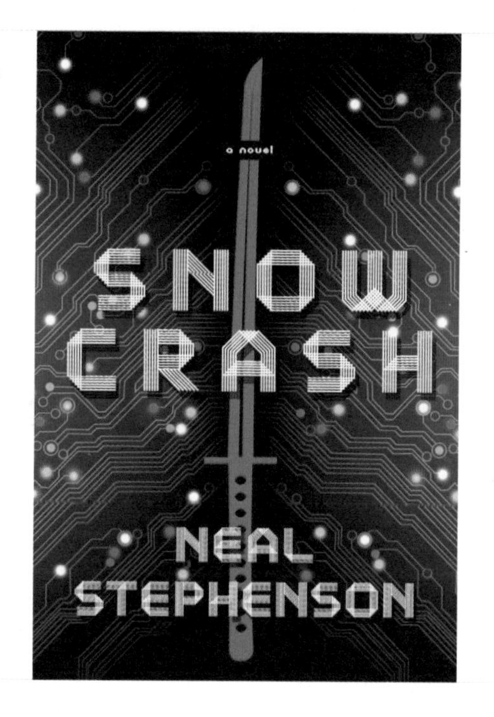

类都可以参与其中，人们可以在这个世界里玩自己的游戏，进行面对面的交流，进行虚拟的购物消费。正是这部科幻小说，给人类带来了无限的遐想空间。

其次，元宇宙的身份号码是什么？学过英语的人都知道，“Meta”本是一个再普通不过的英文单词，翻开任何一本英文词典都有它的解释。在《牛津英汉双解词典》当中有两种对其的解释，其中一种释义为，“高于，在上，在外”，我们可以理解为“超越”。可能有人要问，Facebook 更名为“Meta”到底是何用意？原来，Facebook 所使用的“Meta”是“Metaverse”的前缀，既然如此，“Meta”的整体意思应该源自“Metaverse”。再次翻开《牛津英汉双解词典》查找“Metaverse”

一词，令人费解的是，这一单词并不存在。于是，在互联网上寻找答案，在百度翻译中找到了“Metaverse”的影子，其释义仅有四个字——“虚拟世界”。

怀揣着一颗积极探索的心和一种孜孜以求的精神，人们在互联网世界的云游中渐渐发现了一些端倪，原来“Metaverse”是一个组合词，它是由“Meta”和“Verse”两个单词构成的。“Meta”依照英文词典的释义“高于”“在上”，引申义为“超越”；按照英文词典的释义，“Verse”为“诗、韵文”的意思，但是真的是这样吗？原来，“Metaverse”中的“Verse”并非英语词典中的“Verse”，“Verse”代表的是“Universe”一词，“Metaverse”一词仅取了“Universe”的后五个字母作为一个单词出现。到这里我们应该清楚了，“Metaverse”是一个合成词，是“Meta”和“Universe”的组合体，只是在使用中将其简写为“Metaverse”。

最后，究竟是什么孕育了元宇宙？在今天看来，元宇宙是一种新生事物，犹如一个刚出生的婴儿一般引人关注。对于人类而言，婴儿的出生离不开母体的孕育，既然如此，是什么孕育了元宇宙呢？应该说，元宇宙的诞生既有人类对精神世界的不断探索，也有人类对科技的发展与应用。

《三体》的作者刘慈欣对人类社会有着这样的认知：人类社会的探索与发展离不开两条路：一条是探索人类生存的地球之外的星辰大海，即人类生存的物理世界；另一条就是探索人类与生俱来的自身空间世界，即内部的精神世界。元宇宙属于人类对精神世界探索的产物，源于人类对精神世界的追求。比如，很多前人的文艺作品中就反映了对元宇宙的精神探索。在西方的文学作品中，典型的如《神曲》《圣经》

2020年9月18日，《三体·时空沉浸展》亮相重庆

中新图片 / 陈超

就是对一种看不见的精神世界的想象；而在东方的文学作品中，《西游记》《聊斋志异》等是以东方视角对一种看不见的精神世界的想象。但正是这样一种对现实物理世界以外的世界的探索，为元宇宙的出现打上了虚拟世界的烙印。随着人类想象力的不断丰富，原本虚无缥缈的元宇宙逐步在人类的创造下，由一片混沌逐步显现了一个粗略的轮廓。

科幻作家陈楸帆是元宇宙探索中的一位先行者，他努力从哲学和科学的视角寻找元宇宙的存在依据。其他的元宇宙探索者也从不同角度对元宇宙的起源表达了自己的一些观点。例如，上海万向区块链股份公司董事长肖风认为，元宇宙是人类数字化生存的最高形态，是人

的虚拟社会、人的数字世界。上述观点给了我们一些启示，也催生了我们对元宇宙起源的种种猜测。

有一种观点认为，元宇宙源于无限宇宙论。无限宇宙论可以认为是从时间和空间两个维度对世界的无限性进行的一种探索。比如，从时间维度出发，如果人类以光的速度（约 30 万千米 / 秒）在物理空间中进行极其久远的长时间飞行，最后极有可能带来空间上的变化，通过时间与空间的交互作用，人类将进入另一个维度空间。这个新的维度空间是一个人类从未见过的或难以想象的空间，而且这个维度空间既有可能是一个实际存在的物理空间，也有可能是一个虚拟存在的空间世界。支持这种观点的人的理由在于，世界上任何物质都是由基本的粒子构成的。既然如此，就可能存在另一个与我们生存的宇宙一样的宇宙，也有可能存在同样的我们。当然，现在的我们还无法感知到这种未知的宇宙，也只能是一种想象。

有一种观点认为，元宇宙源于量子理论。量子理论打开了人类对世界的认知，甚至颠覆了人类对世界的认知。我们知道，量子物理是研究物质世界微观粒子运动规律的一个物理学分支，是现代物理学极为重要的理论基础之一。其中的量子力学更是作为解释微观世界物质运动的重要成果，为人类探索世界提供了研究基础。对于普通民众而言，量子物理、量子力学似乎显得有些曲高和寡，不容易接受和理解。但是如果提到量子通信，大家似乎就容易接受并理解这一新生事物了，原因在于处于信息社会的我们时时刻刻与信息网络、通信技术保持密切接触，大家可以简单地将其理解为利用量子特性进行通信的一种手段或方式。

对于量子通信，这里进行一个简单的介绍。量子通信是一种利用量子的纠缠效应，凭借量子的隐形传态特性进行信息传递的交互方式。关键是，量子通信需要一对纠缠量子来实现信息的传递，这一对量子就像一对双胞胎，彼此之间存在看不见、摸不着的心灵感应，一个“量子对”正是凭借这样一种“心灵感应”进行信息传递的。这也意味着量子通信的一个“量子对”可以同时存在于不同的物理空间，其中一个量子的量子态发生变化，处于其他空间的另一个量子的量子态就会立刻随之发生变化，这样就完成了信息的传递。怎么样，是不是感觉很神奇？在人类生存的地球上，这一切已经成为现实。

虽然量子力学已经发展了 100 多年，但是量子通信是在近 20 年内才从西方国家兴起和发展的。比如，国际商业机器公司（IBM）早在 1989 年就对量子通信进行了探索和实践，并在实验室内实现了 32 厘米的量子通信。虽然这个通信距离很短很短，但这却是人类首次利用量子通信方式实现的信息传递，说明人类在量子通信领域迈出了一大步。作为中国人，我们也要为自己喝彩，我们不甘落后、默默探索，在量子通信领域，虽然起步晚，却取得了令世界瞩目的成就。2016 年，中国“量子通信之父”潘建伟带领他的团队成功研发出了“墨子号”量子科学实验卫星，2017 年 8 月 12 日，真正实现了千公里级的星地双向量子通信。“墨子号”也作为世界上首个量子科学实验卫星，令世界为之振奋、为之喝彩。正是在国家的大力支持下，在潘建伟团队的不懈努力下，在众多科研人员的顽强拼搏下，2017 年 9 月我国开通了世界上首条量子保密通信干线——京沪干线，覆盖全国 4 省 3 市共 32 个节点，通过两个卫星地面站与“墨子号”相连，总距离达到了

4600千米，并已经为金融、电力、政务等行业的150多家用户提供了服务。[1]

量子通信卫星将人类的声音以量子的方式带到了宇宙空间，实现了天地量子通信。令我们振奋的是，这是通过纠缠效应或者心灵感应式的纠缠效应实现的超越传统的通信。试问这种纠缠效应会不会将人类带入另一个世界——元宇宙呢？所以，认为元宇宙源于量子理论是有道理的。

也有观点认为，元宇宙源于数学理论。宇宙世界的起源这一问题，引起了人类的无限探索与遐想，其中一种观点认为宇宙是数字的。美国麻省理工学院著名宇宙学家迈克斯·泰格马克（Max Tegmark）认为，宇宙不仅最好用数学来描述，而且宇宙本来就是数学的。所以，这位宇宙学家提出了一种数学宇宙假设论，认为整个物理宇宙都是由数学构成的。换句话讲，人类正生存于一个巨大的数学体当中，人本身也是数学的。其实，最早提出“宇宙是数学的”这一说法的是毕达哥拉斯。这位古希腊的数学家也是一位哲学家，是人类历史上最早把数的概念提升到很高地位的大家，因此也形成了毕达哥拉斯学派。这一学派的学者非常重视数学，喜欢用数学来解释一切。比如，此学派中的一个叫希帕索斯的人就思考过这样一个问题，边长为1的正方形，其对角线的长度是多少呢？现在看来是非常简单的一道数学题，可以用公式来解决。但是，在当时却成为一个超级难题，怎么解决呢？希帕

1 参见吴长峰：《量子通信：架起天地一体万里通信网》，《科技日报》2021年6月23日。

2020 年 10 月，上海举办《COSMOS 平行宇宙》展览

中新图片 / 王冈

索斯发现这一长度既不能用整数，也不能用分数表示，而只能用一个新的数字形式来表示，于是数学史上第一个无理数$\sqrt{2}$就诞生了。又如，毕达哥拉斯学派通过五个手指等与五有关的事物抽象出“5”这个数字，在今天看来这是幼儿园小朋友都知道的事情，但在当时的实用数学界这却是一个极大的进步。正是在数学理论的推动下，产生了“万物皆数”理论。这种理论认为，数学上存在的结构在物理上也都存在，并宣称数是宇宙万物的本源。当然，这些先驱者研究数学的目的是探索自然的奥秘。今天，泰格马克提出的“万物的终极合奏理论”，最终形成一种数学宇宙假设。

既然物质宇宙是数字的，人类的生产生活也是数字的，尤其是在高度信息化的今天，图像是数字的，通信是数字的，网络更是数字的，这一切似乎都印证了人类生存的宇宙真的"很数字"。而且，这种数字化的世界将极大地拓展我们的认知空间，比如，虚拟网络、虚拟现实等高度数字化的产物，实现了现实世界与外部虚拟数字空间的连接，也许我们已经生活在元宇宙之中了。所以，不难想象，一种数学理论也可能孕育元宇宙。

（二）元宇宙的今生

当今世界正处于信息产业迅猛发展、信息网络广域覆盖的高度信息化阶段。早在 2015 年，爱立信公司就曾作过这样的预测，预计到 2020 年，全球使用智能手机的人口将达到世界总人口的 70%。在当时看来，这一数字好像有些夸张，但是查阅一下今天的实际数据，会发现这一预测还是比较靠谱的。有关数据显示，截至 2021 年 1 月，全球手机用户为 52.2 亿人，而世界总人口数为 78.3 亿人，手机用户占世界总人口的 66.6%，基本上符合爱立信公司的预测。我们再看看互联网用户及社交用户的有关数据。截至 2021 年 1 月，全球互联网普及率为 59.5%，互联网用户已达到 46.6 亿人，比 2020 年同期增加了 3.16 亿人，一年之间用户数量增长了 7.3%；而社交媒体用户达到了 42 亿人，占世界总人口的 53% 以上。

通过上面的数据可以发现，基于现代信息化网络形成的互联网成为信息社会的关键基础设施，尤其是移动互联的信息网络，为数以十亿计的手机用户、互联网用户提供了探索网络空间的物质基础，极大地改变了人类的生产生活方式，也为人类的生产生活提供了更加丰富多彩的内容，为寻求和探索未知世界——元宇宙提供了广阔的空间。正是基于这样一种探索和积累，元宇宙在2021年的互联网领域及科技领域急剧发展，引发了互联网领域及科技领域甚至包括金融领域的“大地震”，也引起了各个领域的领军人物和科技巨头的浓厚兴趣。比如，2021年一季度，著名的沙盒游戏公司Roblox放出了一个大招，将“元宇宙”概念正式写进其公司的招股书，这也使该公司作为第一家拥有“元宇宙”概念的公司登陆纽约证券交易所，也算是金融领域的一个奇迹。不仅如此，一些游戏公司、科技公司快速跟进，如腾讯公司将作为国内代理商快速跟进罗布乐思，游戏巨头英佩数码（Epic Games）公司融资10亿美元用于开发元宇宙相关业务，字节跳动公司对手机游戏研发商代码乾坤进行高达1亿元人民币的战略投资等。这些事件证明，元宇宙已经正式踏入高度信息化的今天，并在思想界、科技界、资本界和企业界掀起了一波新的浪潮，成为各行各业各个领域追捧的热点，而且金融、文化、商业、投资等领域都将其作为未来发展的方向。基于以上种种事实，我们可以判断元宇宙真的到来了，而且可以将2021年看作元宇宙“元年”。

第一，今天的元宇宙是什么样子。作为一个孕育已久的新生事物，2021年元宇宙正式“出生”了。如果将今天的元宇宙进行拟人化处理，当下的元宇宙就是一个呱呱坠地的婴儿，对于元宇宙而言，这个世界一切都是崭新的，一切都是充满希望的。这个新生的婴儿到底长什么样子呢？我们既可以从元宇宙的全貌进行感受，也可以盲人摸象一般逐一摸索。

准确地说，元宇宙就像与一个物理空间平行存在的另一个空间。

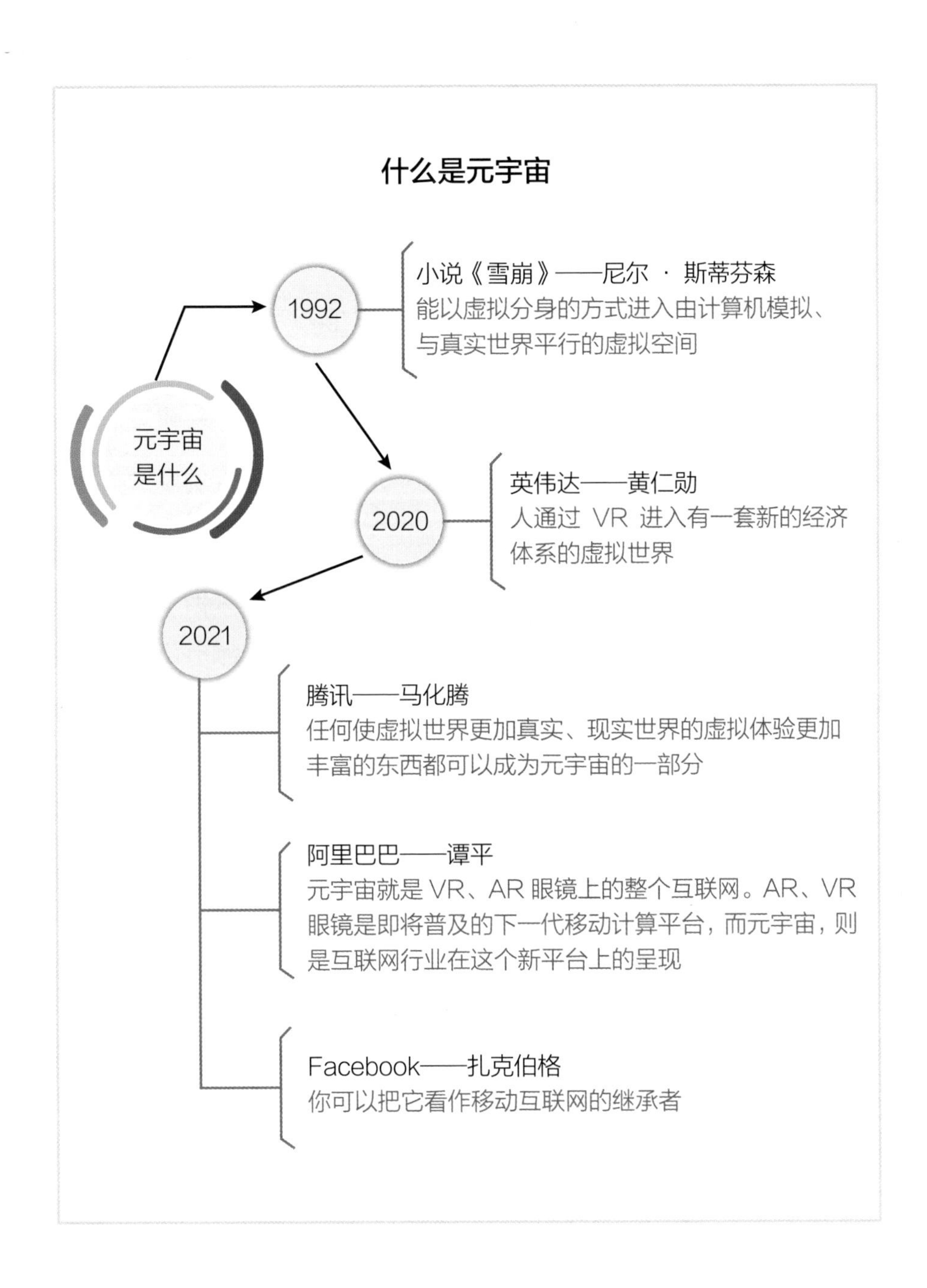
什么是元宇宙
元宇宙
是什么
1992
小说《雪崩》——尼尔 · 斯蒂芬森
能以虚拟分身的方式进入由计算机模拟、
与真实世界平行的虚拟空间
2020
英伟达——黄仁勋
人通过 VR 进入有一套新的经济
体系的虚拟世界
2021
腾讯——马化腾
任何使虚拟世界更加真实、现实世界的虚拟体验更加
丰富的东西都可以成为元宇宙的一部分
阿里巴巴——谭平
元宇宙就是 VR、AR 眼镜上的整个互联网。AR、VR
眼镜是即将普及的下一代移动计算平台，而元宇宙，则
是互联网行业在这个新平台上的呈现
Facebook——扎克伯格
你可以把它看作移动互联网的继承者

现阶段，元宇宙还仅是一个雏形，时而显现于虚拟空间之中，而且显现的是一个基于互联网的虚拟空间。因此有人认为元宇宙作为虚拟空间与现实物理世界空间平行存在。为什么这么说呢？因为在互联网上的赛博空间内，只有抽象的网络足迹、数字空间、网络语言、虚拟社区等，还无法找到现实世界的影子。赛博空间也是人类在不断开发利用的一个无形空间。相较于真实的物理空间，早期的阿帕网和互联网与真实的物理空间是平行的，两者没有实现交叉融合。目前看来，元宇宙时代的虚拟空间也没有发生本质的变化，较之于上一代互联网只是发生了一些量的变化。比如，在上一代互联网中，人们感受更多的是了解世界的渠道丰富了，信息的来源更多了，了解世界的时效性更强了，这是人们最初踏足互联网的基本感受，因为一台电脑、一个鼠标、一根网线、一个网页就可以使我们了解山那边、海那边甚至地球另一端此时此刻正在发生的事情。随着互联网依托的信息环境再次发展，互联网为人们提供了更为丰富的应用环境，我们可以通过网络进行线上购物，可以不用到证券公司排队而是依托炒股软件进行股票交易。随着移动互联时代的到来，人们可以随时随地接入网络，使用互联网的时间和空间大大拓展，人们可以居家远程办公，可以多点远程召开视频会议，可以在同一平台上远程共同开发项目。时至今日，踏入元宇宙时代，大胆地问一句，上述一切发生了根本性变化吗？答案应该是否定的。无论是“网络大 V”还是“IT 人士”，无论是领域精英还是普通民众，都认为这一切还没有发生根本变化，因为现在的元宇宙还处于一个起步的阶段，并没有引起虚拟空间真正的重大变革。

第二，元宇宙存在于互联网当中。目前可以达成共识的是，初级阶段的元宇宙起源于互联网，而且是在互联网内存在的一个虚拟事物。这充分表明元宇宙并没有脱离早期的阿帕网、初始的互联网、当今的移动互联网而独立存在，同样存在于以 0、1 代码为标志的数字世界。如果说存在不同，那么，最直接的感受就是在感官上的体验增强了，使人类能够脱离传统的以文字、图形、视频为主的感知方式，以具体感、沉浸感、体验感的增强来实现对互联网空间的拓展和认知。比如，游戏《地铁：离去》通过增强现实（AR）提高人的沉浸感，让人在沙盒式的游戏体验中探索广袤无垠的世界。除了游戏之外，元宇宙还可以让我们看到足够以假乱真的火车、飞机、广场、超市等不同事物、场景。在这种初级的元宇宙环境中，我们可以按照自己的意愿模拟所青睐的人类角色、非人类角色，并在不同场景中体验不同的行为活动。在科技领域内，存在这样一种观点：元宇宙也许正位于移动互联网的背后，仅仅是互联网的影子，但是不久的将来元宇宙就会取代移动互联网的霸主地位，从而成为下一代的互联网。这就像移动互联网改变 PC 互联网一样，元宇宙会颠覆现在互联网的使用方式。互联网从诞生至今大致经历了三个历史阶段。

第一个阶段——互联网 1.0 时代。这一个阶段从 1989 年开始，2005 年结束。这个阶段的互联网属于静态互联网，以文字、图形、邮件、网页为主。当时流行的“网上冲浪”并不是像在蔚蓝的大海中畅游那样，而是局限于静态互联网之中，大部分用户认为此时的互联网只是一种电子报纸或电子书，只是将大家知道的、看到的搬到了平面互联网上。不过，互联网在这一阶段也呈现出一定的优势，就是将整个地球变成了一个网络互连的地球村，便于人们第一时间了解世界上正在发生的事情。

第二个阶段——互联网 2.0 时代。这一个阶段是从 2005 年开始的，此时移动智能设备逐步普及，互联网要能够满足人们利用移动终端进入其中的需求。正是在这一需求的推动下，互联网由原来的固定地点入网为主向随时随地接入转变，广域互联、无线接入成为这一阶段互联网的新常态。同时，互联网的服务方式也发生了变化，原始互联网的由服务商制造、分享信息的方式得到拓展，转向用户利用互联网在不同平台自我创造大量的内容并向互联网的各大平台推送信息，之后经过不同的算法向不同的用户推送。从这一个阶段互联网的变化来看，信息的内容更丰富了，提供的应用更多样了，服务的方式更智能了。比如，在娱乐方面，在互联网 1.0 时代，人们只是看看文字、听听音乐，即使玩游戏也仅限于一些小型的简单的互动游戏。而在互联网 2.0 时代，游戏、社交等方面的功能得到快速拓展，大型网络游戏开始吸引众多用户，因为游戏的色彩、图形、内容更容易让人沉浸其中；社交软件逐步丰富，QQ、微信等社交软件作为即时通信软件，以多种方式牢牢拴住了大量的用户，甚至有取代传统电话通信的趋势。现在我们就处于互联网 2.0 阶段，我们因为互联网的升级享受到了无数便利，也感受到了互联网的精彩，当然也不乏一些不利的影响。

第三个阶段——互联网 3.0 时代。互联网 3.0 时代是在互联网 2.0 时代发生质变的条件下才能到来的一个时代。应该说，目前我们正处于向互联网 3.0 时代进阶的一个阶段。只是在这个演变进程中，各种新技术、新手段不断应用于互联网，也丰富和拓展了互联网的功能。

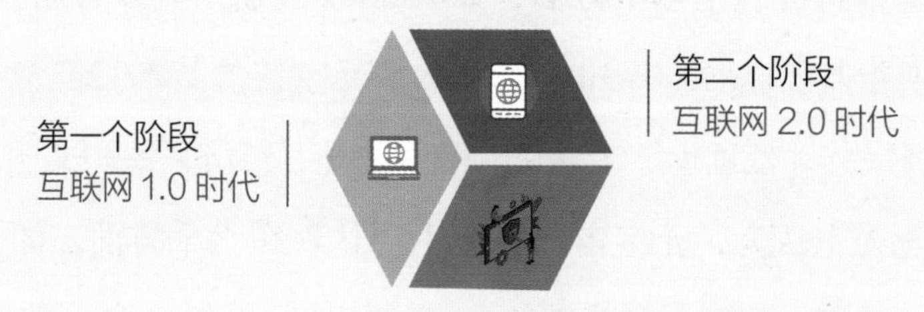

在如今的互联网上，我们不仅可以输出文字、图片、视频，还可以通过一些辅助设备实现沉浸式互动，犹如在互联网上生成了一个真实的世界。

正是在向互联网 3.0 时代的演进中，孕育了元宇宙，让元宇宙在孕育多年之后终于像种子一样，露出了一个绿芽。无论是作为一个新的概念，还是作为一个新的事物，元宇宙都是想让人们更好地享用互联网。所以说，元宇宙存在于互联网当中，并推动着互联网的快速演进。

第三，支撑元宇宙生长的六大要素。元宇宙孕育于新的互联网时代，在网络虚拟空间中不断成长，这样看来元宇宙似乎是在建立一个与现实世界平行的数字世界或虚拟世界。著名分析师马修·鲍尔（Matthew Ball）认为，元宇宙不等同于“虚拟空间”，也不仅仅是一种游戏或用户原创内容（UGC）平台，在元宇宙里将有一个始终在线的实时世界，人们可以不受限制地同时参与其中，而且它是一个完整运行的跨越实体的数字世界。很多专业人士分析认为，元宇宙这个新生事物的基本特征包括多个方面，如Roblox的创始人兼首席执行官大卫·巴斯祖基（David Baszucki）认为，元宇宙的基本特征包括身份、社交、沉浸感、低延迟、多元化、随时随地、经济系统和文明。当然，也有专业人士认为，元宇宙的特征主要体现在六个方面，即永续性、实时性、无准入限制、经济功能、可连续性、可创造性。那么，又是什么为元宇宙提供孕育生长的要素呢？基于这个问题，人们对元宇宙的构成要素进行了广泛讨论。

对于支撑元宇宙发展的要素，大家各有看法。通过归纳梳理发现，元宇宙的支撑要素重点集中在六个方面，即区块链技术、交互技术、电子游戏技术、人工智能技术、智能网络技术、物联网技术。目前，这一观点得到了元宇宙研究领域的广泛认可。将各个独立的要素用其英文单词解释，分别是“Blockchain”“Interactivity”“Game”“Artificial Intelligence”“Network”“Internet of Things”，如果将这几个英文单词或短语的首字母进行组合，恰巧组合成了“BIGANT”这样一个单词，我们可以称其为“大蚂蚁”。这也似乎比较符合蚂蚁的特性，一只蚂蚁智慧有限，但是组合成群则智慧惊人。这也意味着元宇宙背后的六大要素集合起来将发挥惊人的合力，共同推动元宇宙的生长与壮大。

（1）区块链技术——Blockchain。区块链就是由一个又一个区块组成的链条，每一个区块中保存了一定的信息，它们按照各自产生的时间顺序连接成链条。区块链技术是一种通过去中心化、高信任的方式集体维护一个可靠数据库的技术方案，数据库中的每个区块都包含系统的全部数据信息，使用数字签名验证信息的有效性和完整性，通过密码学原理连接到下一个区块并形成一条主链。区块链技术最初是应用于网络经济安全领域的一种技术，为何会成为元宇宙的支撑要素之一呢？因为区块链是元宇宙去中心化的清结算平台和价值传递机制建立的基础支撑。区块链技术是支撑元宇宙经济体系的基础。通过NFT（非同质化通证、非同质化代币）、DAO（数据库访问对象）、智能合约、DeFi（分布式金融、去中心化金融）等区块链技术和应用，将开启创作者经济时代，催生海量内容创新。

（2）交互技术——Interactivity。交互技术的全称是“人机交互技术”，这是一种通过连接计算机的输出输入设备实现人与计算机交流互动的技术，其重点在于实现人机的有效互动。典型的输入设备有摄像头、位置传感器、重力传感器、温度传感器等；输出设备有头盔式显示器、触觉感应器、嗅觉感应器等。再高级一些的，还有各类脑机接口技术，直接实现人脑与电脑的信息交互。

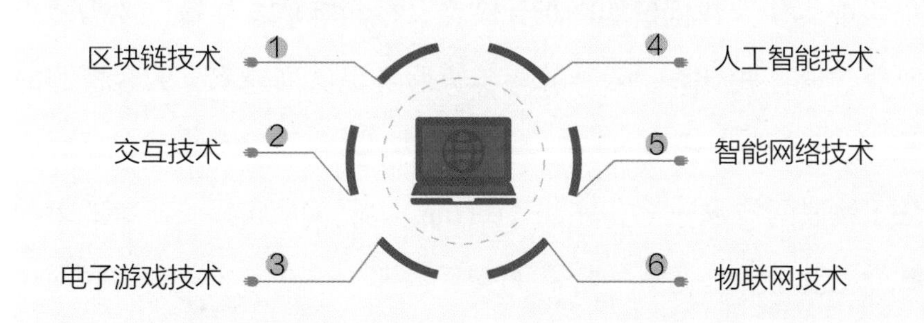

（3）电子游戏技术——Game。对于众多网络用户而言，玩游戏是大家再熟悉不过的事情了。电子游戏作为元宇宙的重要支撑要素主要取决于电子游戏的两大技术：一种是与游戏引擎相关的3D建模和实时渲染技术，另一种是与数字孪生（Digital Twin）相关的3D引擎和仿真技术。3D建模和实时渲染，主要是在元宇宙开发虚拟世界的过程中解除对普通用户技术门槛的限制，使普通人都能简单地创造出符合自己心意的事物。3D引擎和仿真技术让物理世界的“真实存在”在虚拟世界中更快实现数字化转换，让孪生后的数字物品符合自然界的各种物理定律（包括重力定律、电磁定律、电磁波定律）等。总之，电子游戏技术提供给人们的是更加真实的沉浸感、现实感。

（4）人工智能技术——Artificial Intelligence，简称AI。人工智能是人类一直探索的一项技术，目前也已经融入了元宇宙。在元宇宙里，各种场景、应用、交互都需要人工智能的强力支撑。比如，区块链里的智能合约、交互里的AI识别、游戏里的代码人物、物品乃至情节的自动生成、智能网络里的AI能力、物联网里的数据AI，等等。

（5）智能网络技术——Network。智能网络是信息网络的智能化体现，也是未来元宇宙发展必须依托的一项技术。在元宇宙里，信息网络不仅需要实现大数据量的图形、图像、视频等信息传输，还需要为边缘计算、分布式计算、云计算等计算服务提供高速率、大容量的网络存储。

（6）物联网技术——Internet of Things。在元宇宙里，所有的事物并非孤立存在的，而是具有极高的交互需求，这就需要通过物联网技术将虚拟空间内的所有事物进行连接。物联网技术是指通过各种信息

国家大数据（贵州）综合试验区展示中心的智能机器人

中新图片 / 贺俊怡

传感器、射频识别技术（电子标签）等装置与技术，实时采集任何需要监控、连接、互动的物体或过程，采集其声、光、热、电、位置等各种需要的信息，通过各类可能的网络接入，实现物与物、物与人的泛在连接，实现对物品和过程的智能化感知、识别和管理。可见，元宇宙的确需要物联网来实现它的虚实共生。

（三）让元宇宙创造新的未来

今天的元宇宙就像一个刚出生的婴儿。任何一对父母都对自己的孩子来到这个世界感到惊喜、感到兴奋，同时婴儿也对这个家庭、这个世界充满期许和希望。人类对于元宇宙同样如此，对待这样一个新生事物，同样充满了期许，也鼓励着我们在元宇宙中创造一个新的未来，一个不一样的未来，一个更加美好的未来。

在元宇宙作为一种新的概念刚刚出现的时候，人们并没有因为陌生而远远观望，而是因为好奇加快了探索元宇宙的步伐。尤其是2021年初以来，世界各大科技公司、知名企业纷纷将目光转向元宇宙。就在元宇宙掀起世界范围内新一轮浪潮的时候，作为世界第二大经济体的中国也将目光转向了元宇宙，元宇宙事业在中国快速起步，并加速发展。2021年10月15日，中国移动通信联合会元宇宙产业委员会获得批准，这是国内首家获得批准的元宇宙产业协会，2021年11月11日，正式举办了揭牌仪式，倡导将每年11月11日设立为“元宇宙日”，并发布《元宇宙产业宣言》，其目标在于推动宇宙产业健康持续发展。为紧抓创新机遇，勇攀科技高峰，破解发展难题，引领元宇宙健康快速发展，全面提升元宇宙产业的战略性、系统性、协同性，加速实现工业元宇宙、商贸元宇宙、金融元宇宙、教育元宇宙、文化元宇宙、大健康元宇宙等应用落地，共筑元宇宙共识圈，中国移动通信联合会元宇宙产业委在成立时就要确立方向和目标，推动产业发展，为国家战略服务。可见，元宇宙是全球创新竞争新高地。元宇宙作为前沿数字科技的集成体，应用到全社会的各类运行场景，实现数字经济高质量发展，必将开启人类数字世界全新空间。

一是创造一个平行的虚拟宇宙。众所周知，互联网上产生的是基于网络的虚拟空间，这与现实世界的物理空间相对应。在这种状态下，元宇宙首先应该是占据着互联网内一定维度的一个虚拟空间，此“虚拟空间”非彼“虚拟空间”。在元宇宙的发展阶段，元宇宙的虚拟空间在感官体验上不再是传统枯燥的图片、文字等信息流，而是一种虚拟现实的“拟态空间”。在这个虚拟空间内，通过一定的算法和虚拟现实技术，使人类的视觉感应体会到像是对物理世界的改造、再现，甚至某种程度上的超越。在元宇宙席卷整个地球村的当今世界，是一些新的方式让我们尝试了新的体验。比如，通过 VR 头盔进入网络空间，我们可以通过虚拟现实技术达到视觉上的虚拟漫游体验；不仅如此，通过触觉增强技术及相应的物理设备，提高人体在虚拟环境中的触觉体验，当然也可以通过增强现实技术提高嗅觉等其他体验。在元宇宙概念的推动下，支撑元宇宙的六大核心要素将得到进一步而且是突飞猛进的发展。可以想象一下，我们可以通过一副眼镜、一个手柄利用有线或无线网络进入一种类似于真实生活的虚拟空间，在这个空间里可以自由自在地生活，可以随心所欲地和虚拟场景深入互动，就像在现实世界中一样。夸张一点说，元宇宙带动下的技术进步会带我们进入一个看似疯狂的空间，我们可以化身为猎豹、玫瑰甚至哪吒、钢铁侠等，是不是感觉很神奇？是不是感觉很超越？这让我们体验到一种在现实中难以实现的生存方式，就好像我们创造了另一个宇宙。

在互联网进入人类生活的二三十年间，我们已经逐渐熟悉并习惯了这个网络世界。尤其对于那些 2000 年以后出生的年轻人而言，从降临到这个地球村开始便生活在互联网遍布的世界中。互联网对于“00后”而言是一个再熟悉不过的世界了，他们早已习惯沉浸在互联网中，网上的一切在他们眼里都非常自然。更新迭代中的互联网催生了元宇宙，而元宇宙也推动了互联网及其技术的发展。元宇宙推动下的互联网是互联网自身的一种深层次延伸和拓展。2020 年，突如其来的新冠肺炎疫情肆虐整个地球，让原本快乐生活在物理世界的人类遭受了严峻考验，在物理空间内不得不保持人与人之间的距离，减少了直接接触。为了降低疫情的影响，恢复人与人之间的沟通交流，元宇宙推进互联网世界的改造，为人类提供了功能多样、应用丰富的数字新世界，提供了更丰富的网络交流的新空间、新平台。随之而来的是，人们对网络虚拟空间更加认可，也增加了使用的频率和时间。正是在这种态势下，元宇宙通过对互联网、游戏、科技、信息、安全等产业的有机融合，以其更有深度的丰富体验、更为良好的健康生态，让人们在想象中脱离身体的限制，实现了虚拟世界和现实世界的充分融合，让原本只限于科幻巨作中的想象变成现实。虽然支撑元宇宙的六大要素还在发展，还没有发生质变，但是已经触发了人们对元宇宙的深入探索和实践。我们相信，在元宇宙创造的这个与现实世界平行的虚拟世界中，元宇宙会带来新的惊喜。

二是共同创造未来美好生活。技术创新推动元宇宙成长的进程，对于人类意味着什么呢？我们相信，未来的元宇宙能够架起一座连接现实世界与虚拟世界的桥梁，可以实现人类在两个世界的穿梭往返。而且元宇宙在架起这座桥梁的同时，也会给人类带来一个美好的未来。这也许就是元宇宙的魅力所在。

邓小平同志指出，科学技术是第一生产力。这一重要论断充分肯定了科学技术的极端重要性，也为中国的经济和社会发展提供了强大动力。进入中国特色社会主义新时代，我们充分感受到了科学技术带给中国和世界的巨大变化。试问，科学技术提高生产力的最终目的是什么呢？习近平总书记对此给出了最好的答案：实现人民对美好生活的向往。元宇宙的产生带来了经济、文化、社会等领域的快速发展，

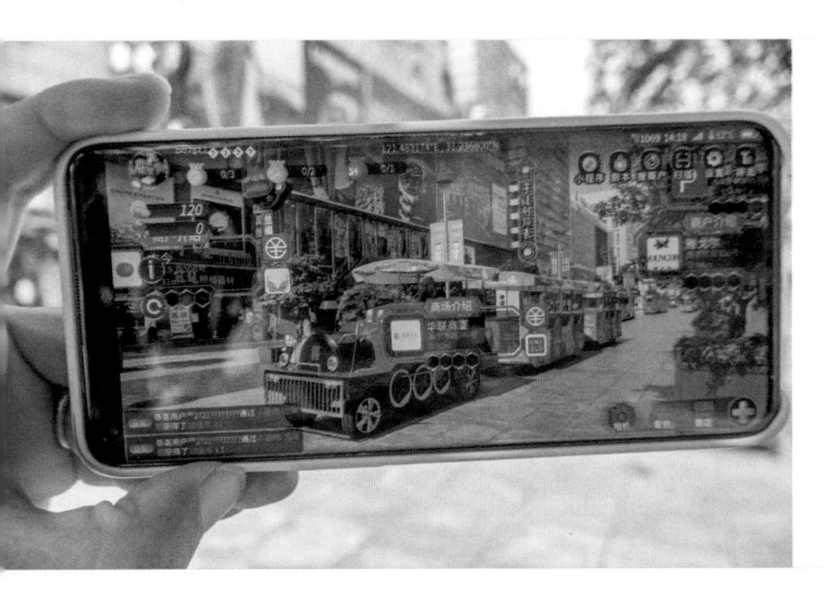

2021年8月19日，一名游客在上海市南京路步行街使用AR导览手机软件《玩转南步街》

中新图片 / 王冈

潜移默化地加快了科学技术的创新步伐和发展速度，也必然带来人类社会生产生活的变化。

元宇宙让网络购物变得更加简单可信。人类最初的生产劳动是为了基本的生存。在原始社会，个人或家庭的生产仅能满足自己的生存。随着生产工具的进步和生产方式的变化，个人或家庭生产的产品超出了自身的需求。为了满足个人的多样化需求，商品交换出现了，个人可以用自己多余的产品去与他人交换其他商品。随着社会的发展和进步，商品的种类、交换方式等不断发生变化，但是在互联网出现之前，都是面对面的交换。基于互联网的电商网络的出现为人们提供了更加便捷的购物方式，我们可以在线浏览商品、在线购物。在目前的网络购物中，对于服装、鞋帽等商品经常出现退货、换货等情况，其原因在于没有在实体店真正的试穿体验。元宇宙将改善这一局面，其通过

在射击游戏《堡垒之夜》中举办的大型虚拟演唱会场景

《堡垒之夜》官网发布的演唱会视频截图

虚拟现实场景让我们犹如身临实体店，选择不同尺码、不同颜色、不同样式的服装穿在身上，体会大小、松紧、薄厚等感觉。大家会问，自己还在现实世界当中，怎么会在虚拟世界当中感受到这些呢？这就是元宇宙带来的巨大变化，在虚拟世界中再造一个“真实的自己”，而试穿服装的过程就简单地实现了。

元宇宙让娱乐变得更加丰富多彩。物质生活的丰富引领人们进入更高的文化生活领域。20 世纪 90 年代，卡拉 OK 遍布中国大江南北，大有占据娱乐市场半壁江山的势头。现在，这个领域也受到了互联网的强烈冲击，各种唱歌 App、迷你 KTV 成了传统卡拉 OK 的掘墓者，使传统的卡拉 OK 市场逐渐消失。凭借着海量曲库、丰富有趣的多样化功能，在互联网独有的社交属性助力下，唱吧、全民 K 歌等在线唱歌 App 成为新的选择。想象一下，在元宇宙中，未来唱歌会变成什么样子呢？我们可以在海边歌唱，在山巅歌唱，在遥远的星空下歌唱，甚至举办一场个人演唱会。当然，今天这些已经部分变成了现实，Epic Games 公司就在其在线射击游戏《堡垒之夜》中，联合歌手特拉维斯·斯科特（Travis Scott）举办了一场游戏世界里的虚拟演唱会“Astronomical”。在这场演唱会中，一个巨大的 Travis Scott 虚拟形象穿梭于游戏中的各个情景，给观众呈现了一场极为震撼的沉浸式演唱会。

02

虚拟现实，

让体验更真实。

虚拟现实（VR）技术经过多年的快速发展，已经取得了长足的进步，相关产业阶段性成果不断涌现，产业结构日益健全，极大地满足了人们在精神、物质方面的需求。虚拟现实技术在政治、军事、医疗、

2017 年 7 月 30 日，在上海举办的中国国际数码互动娱乐展览会上，一名玩家在体验 VR 飞行

中新图片 / 陈玉宇

教育、文化娱乐、工业制造、体育竞技等众多领域加速应用，并且与5G网络、人工智能、NFT、数字孪生、元宇宙等新技术形态深度融合，又催生出越来越多新的应用场景。[1]特别是近期元宇宙、数字孪生、NFT等新技术概念的不断火爆，给虚拟现实技术带来更大发展空间，这也意味着虚拟现实产业必将迎来新一轮的发展机遇。

（一）虚拟现实技术的前世今生

虚拟现实技术是一种使人沉浸在计算机仿真系统创造出的逼真虚拟环境中的技术。它综合了计算机图形技术、多媒体技术、网络技术、人机交互技术、传感器技术、立体显示技术以及仿真技术等多种科学技术。[2]用户只需使用相应的虚拟现实技术设备就可以在虚拟现实中开展各种交互活动。

虚拟现实技术最吸引人的地方是能够带来沉浸式体检。随着虚拟现实技术在全球范围内的普及与广泛运用，其迅速在游戏、视频领域得到用户的认可，使越来越多的资本和企业不断涌入这个领域。为什么虚拟现实技术能够迅速被大家广泛接受？其自身具备的三个主要特征功不可没。

（1）浸入性。又称沉浸感，主要是指利用计算机产生的逼真的三维立体影像，让用户感到被“真实世界”所包围，给人一种身临其境

1 参见卢梦琪：《“元宇宙”点燃VR新一轮产业热情》，《中国电子报》2021年10月15日。
2 参见刘颜东：《虚拟现实技术的现状与发展》，《中国设备工程》2020年第14期。

的感觉。浸入性不单指视觉，而是使用户在视觉、触觉、听觉、嗅觉和味觉全面进入逼真影像所在世界或环境中。

（2）交互性。在计算机构建的虚拟世界中，人们可以通过某种虚拟现实设备与虚拟世界的人物、物品进行交互活动。比如，当用户在虚拟环境中练习拳击时，不仅能够有拳套在手部的附着感，而且在击打对手或拳靶时能够有“拳拳到肉”的真实感受。

（3）构想性。在虚拟环境中，人们可以借助虚拟现实技术获取想要学习的现实世界的知识，并且提升对现有知识的理解程度，或者对未知事物和知识进行探索与尝试。

虚拟现实技术的三大特征

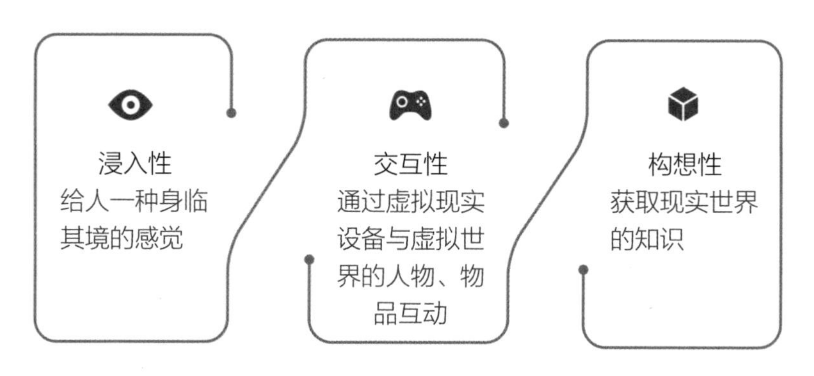

虚拟现实技术的快速发展使其走向成熟及应用阶段。虚拟现实技术自从出现，就受到了社会大众的广泛关注，世界各国政府也在积极鼓励、大力推动对虚拟现实技术理论和应用的研究与发展。虚拟现实技术作为一门新兴的多学科交叉融合的技术，从思想萌芽到今天，虽然经历了近 100 年的时间，但其技术理论和实践应用还有着很大的发

展空间。虚拟现实技术的发展可以分为四个阶段。

第一个阶段是虚拟现实技术思想萌芽阶段（1929—1963 年）。此阶段与仿生学息息相关，科学研究人员提出对生物在自然环境中的感官功能和物理运动进行模拟。随后，模拟的对象逐渐由生物扩展到人类创造的各种机械。1929 年，爱德华·林克（Edward Link）设计出一种帮助飞行员进行训练的飞行模拟器，飞行员在模拟器中的感觉与在真实飞机中进行空中飞行的感觉一样。1956 年，莫顿·海利格（Morton Heileg）开发出一款叫作“Sensorama”的摩托车模拟设备。Sensorama 不仅有一个三维显示屏幕，还有一个能够发出摩托车行驶声音的立体声喇叭，在模拟驾驶过程中，模拟设备还能通过振动和吹风使人获得如同在野外驾驶一般的真实感觉。

第二个阶段是虚拟现实技术的初现阶段（1964—1972 年）。1965 年，美国计算机图形学之父伊凡·苏泽兰发表了一篇论文《终极显示》，提出了“终极显示器”的概念，这个概念为现今的虚拟现实技术奠定了发展方向。1968 年，伊凡·苏泽兰又在哈佛大学为虚拟现实技术发展树立了一座里程碑，他组织开发了世界上第一个计算机图形驱动的头盔显示器 HMD，以及头部位置跟踪系统。受限于当时的技术，这一设备只能显示一些简单的东西。1972 年，第一款交互式电子游戏 *Pong* 就是由伊凡·苏泽兰所在研究中心的学生——诺兰·布什内尔开发出来的。此后，虚拟现实技术开始逐步进入大众视野。

第三个阶段是虚拟现实技术的发展阶段（1973—1989 年）。1987 年，虚拟现实之父杰伦·拉尼尔创造了一个全新的词组“Virtual Reality”，至此，虚拟现实技术终于有了属于自己的名字。从 1987 年开始，任天

虚拟现实技术的发展历史

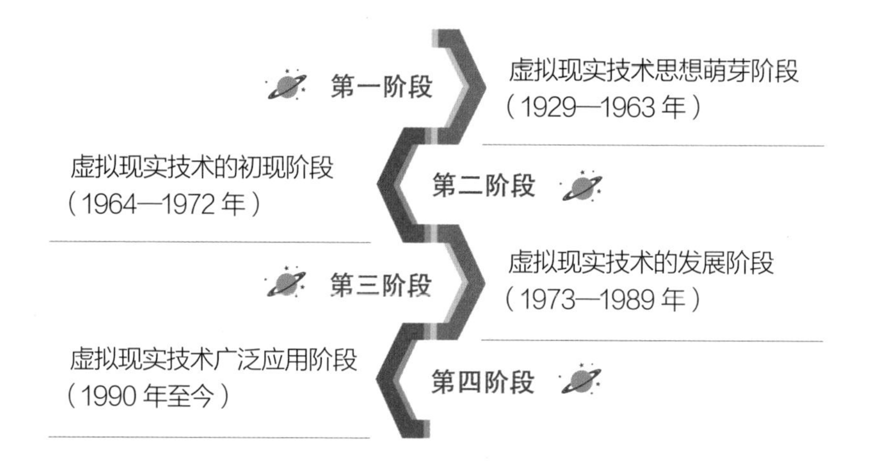

堂、世嘉等大型游戏公司纷纷开始提出各自的虚拟现实设备设计理念。但是，受当时思想观念的束缚和用户规模的限制，最终大部分设计淹没在虚拟现实技术发展的历史长河之中。不过，也有许多新奇的设计思路为今天的虚拟现实设备提供了设计指引和借鉴。

第四个阶段是虚拟现实技术广泛应用阶段（1990 年至今）。在这一时期，越来越多的企业嗅到了虚拟现实领域的巨大商机，越来越多的大型公司开始在这个领域投入巨资，企图在未来获得巨大的利益回报。这一时期，一些企业推出了可供个人使用的商业虚拟现实设备。在大型商场中，我们可以看到各种各样的虚拟现实体验馆。许多游戏厂商纷纷跟风前行，在各自的系列游戏作品中加入虚拟现实元素。现在，虚拟现实设备更加注重用户的使用体验，物美价廉且携带方便的虚拟现实设备成为发展的重点。[1]随着虚拟现实技术的进一步成熟，软硬件生产成本也进一步降低，虚拟现实技术的应用将会融入我们生活的方方面面。

虚拟现实技术的发展推动着元宇宙成为现实。虚拟现实技术具有虚拟场景自由编辑、感知真实、人机交互性强、逼真模拟人类的各种感觉等功能，能够为用户呈现真实且可感知的良好体验。但毕竟该技术在国外比在国内发展得早，通过横向对比国内外虚拟现实技术理论研究或现实应用，可以看出国内外的明显差距和问题。虽然中国政府和企业高度重视虚拟现实技术的研究和发展，已经形成了完善的文化和产业链条，但由于虚拟现实产品回报率较低，商业化程度不够，以及使用时令人感到眩晕恶心、舒适度差等问题没有得到妥善解决，所以民众对于该类型产品体验感受一般。

以 VR 眼镜为例，在国内知名电商平台中，VR 眼镜种类众多，从几十元到 4000 元以上都有，从单一显示到功能繁多，应有尽有。一方面，高昂的价格让普通百姓难以接受。业界公认的高性能 VR 产品 Oculus Rift 预售价高达 599 美元，折合人民币三四千元，其高昂的价格令很多顾客望而却步。另一方面，复杂的功能使用户难以获得良好的实用体验，而单一的显示功能又容易使用户将虚拟现实看成一个商品炒作的噱头。实际上，我国虚拟现实技术拥有远大的市场前景和庞大的消费人群，现在亟须针对上述已经出现的现实问题寻找合理的解

1 参见刘颜东:《虚拟现实技术的现状与发展》,《中国设备工程》2020 年第 14 期。

决方案或具体解决措施。

目前，国外虚拟现实技术应用系统发展得快，已经出现了一些比较成熟的系统。例如，日本索尼公司的 PS VR、韩国三星与 Oculus 共同推出的 Gear VR，以及美国的 SIMNET 训练系统等。虚拟现实已扩展到军事、商业、娱乐、教育、医疗等众多领域。

当前，我国虚拟现实技术产业在近眼显示、网络传输、感知交互、硬件设备等关键技术领域，以及渲染处理和内容制作技术方面已经取得了阶段性突破。

“近眼显示”是 2020 年全国科学技术名词审定委员会批准向社会发布的一个全新词语，这个陌生的词语代表了虚拟现实行业研发的重要领域。赛迪顾问数据显示，与近眼显示相关的研发支出中，有源矩阵有机发光二极体面板（AMOLED）研发的支出占比最高，达到 15.4%。随着 5G 技术、云技术、AI 技术等新一代信息技术与 VR 技术的深度融合，更为成熟的 VR 技术体系正在逐步成型。5G 云渲染、端云异步渲染技术、MR 边缘渲染、大空间多人互动云渲染、无代码实时渲染等引领内容制作效果升级。感知交互系统在快速度、高精度、低功耗、小体积、轻重量、低成本、易集成等技术难点均有所突破。[1]

同时，虚拟现实技术已经从单一技术突破转向融合多学科技术，加速与信息通信、人工智能、无人技术、工业互联网等新兴技术的融合创新。例如，供训练使用的“VR 战术训练室”，综合运用虚拟现实

---

1 参见卢梦琪:《“元宇宙”点燃 VR 新一轮产业热情》,《中国电子报》2021 年 10 月 15 日。

技术、云计算、大数据，通过构建的战术训练云平台将各类战术训练内容同步到虚拟现实设备中，实现沉浸式的实战化教学环境。又如，2021 年 6 月初，广西壮族自治区北海市海城区第八小学银河校区的“5G+VR 智慧教室”交付使用，使虚拟现实技术成功落地校园。

未来，人工智能技术将与虚拟现实系统深度融合，在虚拟现实系统中，非用户控制角色的智能化程度更高，用户与虚拟对象的交互更加智能，虚拟现实人像在网络主播、教育、医疗等系统中更加逼真。同时，人工智能使虚拟现实中各种商业活动变得更加简单方便，例如，VR 新闻、VR 小说、VR 影视等，用户在虚拟空间内的互动将变得更加开放、更加丰富。

根据《中华人民共和国国民经济和社会发展第十四个五年规划和 2035 年远景目标纲要》，我国把数字经济重点产业放在了虚拟现实和增强现实上，并且政府将积极推动三维图形生成、动态环境建模、实时动作捕捉、快速渲染处理等技术创新，发展虚拟现实整机、感知交互、内容采集制作等设备和开发工具软件、行业解决方案。

（二）虚拟现实技术成就元宇宙

“元宇宙”无疑已成为 2021 年科技领域最火爆的概念之一，同时也使虚拟现实技术这个 20 世纪就已经出现的科学技术再一次走到人们的面前。

为什么虚拟现实更适合承载元宇宙？在最近这一轮席卷而来的元宇宙大潮之中，我们不断看到虚拟现实技术和虚拟现实企业的身影。

当前元宇宙最有可能依托于虚拟现实技术来实现，这是上到国家政府、下到元宇宙潜在用户的共识，而在Facebook、索尼、谷歌等公司的推动下，元宇宙与虚拟现实之间的结合也更加紧密。这不禁让人产生了一个疑问：为什么元宇宙选择了虚拟现实作为其主要承载平台？

元宇宙与虚拟现实的结合并非偶然，甚至有专家表示，现在我们提出的元宇宙不过是虚拟现实的另一种说法而已，是换汤不换药。但是大部分专家对此持反对意见，认为把虚拟现实与“元宇宙”混淆在一起是完全错误的观点。虚拟现实是通过逼真影像还原现实场景，而元宇宙则是互联网的一种进化形态。两者在概念、社会属性等方面都不一样。元宇宙可能更接近虚拟现实游戏，用户可以在元宇宙中进行与现实世界完全一样的各类活动，例如，聊天交友、商品交易、学习、健身等。但与游戏不同的是，用户在元宇宙中无须完成任何游戏任务。[1]但是不论何种观点，都说明元宇宙与虚拟现实之间存在天然的交集。具体来说，元宇宙可以细分成若干层面，包括物理层、算法层、应用层甚至认知层，而虚拟现实技术主要是用来解决元宇宙中物理层、算法层和应用层的问题。简而言之，虚拟现实技术为元宇宙的发展打下了一个坚实基础，赋予元宇宙虚拟现实的能力。并且虚拟现实技术通过不断发展，不断提升元宇宙的沉浸感、交互性，降低自身价格，来构建一个全新的元宇宙产业体系。

同时，虚拟现实作为元宇宙的载体具有明显优势。《易凯资本：

---

1 参见王永军：《“元宇宙”联通虚拟与现实》，《中国民航报》2021年11月3日。

2021元宇宙报告》预测，元宇宙的首要突破口就在社交、游戏、沉浸式内容等方面，在这些场景中VR比传统的2D媒介优势更加明显。与传统的物理硬件交互获得相似的体感反馈不同，虚拟现实技术通过物理设备使用户获得包括振动、触感、嗅觉等全方位物理反馈，并且3D仿真场景会使我们分不清真假，完全沉浸在虚拟世界之中，获得更加生动的现实感。正如前文提到的那样，虚拟现实设备成本不断降低，便携性不断增强，显示效果不断提高，已经逐步获得部分用户的青睐。例如，国内一家名为“arpara”的新锐硬核虚拟现实设备开发商，公布了其第二代超高清arpara5KVR头显设备及arparaVR一体机。arpara头显设备的重量仅为200克，只有市场同类设备重量的1/3，和一部iPhone 12 Pro智能手机的重量相当。其高性能和超轻量化设计，使用户可以获得更加舒适的佩戴感，因此获得广大用户的追捧。这些都是传统2D媒介所不具备的优势。虚拟现实设备开发商在通过不断更新的硬件技术来打造更优质、更具性价比的VR，满足众多用户对极致VR体验的需求。

想要给广大用户带来高强度的沉浸式体验，除了拥有性能出众、质量扎实过硬的虚拟现实硬件之外，完善的内容生态链条也是不可缺少的。相较于手机和电脑，目前虚拟现实的应用场景和服务还比较单一，虽说其已经应用于军事、医疗、教育、健身、娱乐等方面，但是应用最多也最为广泛的还是在电子游戏领域。同时，国内虚拟现实相关应用内容主要从海外引进。

可见，从个人在互联网上的消费到政府企业建设的整个产业链条，都将在不远的未来迎接元宇宙时代的来临。主流的观点是娱乐产业将是元宇宙最佳的切入点，元宇宙将借助虚拟现实使用户获得独有的沉浸感、与现实一致的交互感、多元的显现形式。

目前，元宇宙实现的最大挑战源于技术层面的问题。元宇宙超越时间和空间的世界环境设置和完全的沉浸式体验需要虚拟现实设备具备海量数据处理能力和实时数据传输能力。云计算技术和5G通信技术能够在网络速传和算力方面提供支撑，通过大幅度提升数据传输速度和效率，减少网络连接时延，推高计算机算力等方式积极推动元宇宙的蓬勃发展。

但是，从现有硬件技术层面来看，我们常用的手机和个人电脑还不能满足元宇宙所需的拟真与沉浸的要求。所以，通过虚拟现实技术设计制造的高分辨率3D显示设备才是目前连接现实与元宇宙的最佳选择。因此，我们可以理解为什么Facebook将公司名称改为“Meta”之后，大力收购与虚拟现实有关的硬件制造商和游戏公司。也许真的会像扎克伯格所预想的那样，能使用户体验到完全“真实”的交互感、提供深度感官浸入的虚拟现实设备是人们进入元宇宙世界的主要途径，10年内这些设备的用户量将达到10亿人，还会形成数千亿美元的元宇宙服务业务。

人如何从现实进入元宇宙？元宇宙是一个数字化的虚拟世界。美国好莱坞电影《头号玩家》中描述的虚拟游戏世界“绿洲”就是我们设想的元宇宙的样子。元宇宙是一个虚拟世界，而且极有可能是一个与现实世界平行的世界，我们首先要解决的问题就是如何从现实进入元宇宙。虚拟现实设备恰好可以成为元宇宙与现实世界的连接桥梁，这个观点也得到了企业和资本的认同，所以VR、AR将成为“元宇宙”

这场饕餮盛宴的“入场券”。这直接导致沉寂多年的虚拟现实产业因为套上了“元宇宙”这个新壳后，重新受到金融资本的追捧，并进入新一轮的爆发增长阶段。随着 Facebook 掌门人扎克伯格在 2021 年 7 月宣布要实现其“元宇宙愿景”之后，国内外各大互联网科技公司与金融资本纷纷跟风加码。连接虚拟世界和现实世界的主要桥梁——虚拟现实技术，又一次站上了商业与科技的风口。相关数据显示，2021 年前三个季度，超过 40 个 VR、AR 项目获得融资，融资金额超过 1 亿元人民币的项目也不在少数。[1] 业内人士纷纷表示，“虚拟现实技术元年”终于到来。那么，再一次到来的这股虚拟现实热潮究竟是元宇宙概念

电影《头号玩家》在中国电影院点映

中新图片 / 张云

1 参见王永军:《“元宇宙”联通虚拟与现实》,《中国民航报》2021 年 11 月 3 日。

炒作下的虚火，还是 VR 市场真正迎来了春天？

作为进入元宇宙的关键硬件，VR 设备或者 AR 设备已经成为打开元宇宙世界大门的钥匙，它们也是元宇宙连接现实世界的最佳载体。2021 年 8 月 29 日，虚拟现实硬件厂商 Pico 发出全员信，披露其被字节跳动所收购，即将并入字节跳动的 VR 相关业务。元宇宙借助虚拟现实技术一下子从一个科幻作品中的科幻概念成为一个即将进入我们视野的平行网络世界。虽然元宇宙成为现实还需要多种技术综合发酵，但是提供给用户沉浸式体验的虚拟现实技术是其实现的基础。元宇宙可充分利用虚拟现实技术、互联网技术、区块链技术等，给我们搭建一个广阔的虚拟世界。

在当前科学技术背景下，元宇宙必备的沉浸感需要依托于一个终端硬件设备连接人与机器来实现，虚拟现实头盔和眼镜是目前的首选。虚拟现实的人机交互连接终端大致可分为三种：VR 一体机、PC VR、PS VR。VR 一体机是集成了处理器，可以独立进行计算的设备；PC VR 需要连接电脑主机使用，头戴设备主要发挥显示功能；PS VR 与 PC VR 相似，连接的是游戏主机。

但是，虚拟现实设备不仅仅是输入显示设备，还包括与虚拟现实技术领域相关，以及虚拟现实解决方案中用到的硬件设备，通常可以分为以下四类：建模设备（如 3D 扫描仪），三维视觉显示设备（如 3D 展示系统、大型投影系统、头戴式立体显示器等），声音设备（如三维的声音系统以及非传统意义的立体声），交互设备（包括位置追踪仪、数据手套、3D 输入设备、动作捕捉设备、眼动仪、力反馈设备以及其他交互设备）。

同时，相较于其他手段，虚拟现实更容易获取用户群，更容易使用户深度参与元宇宙的建设发展。按照专家给出的意见，为吸纳更多用户进入元宇宙世界，一般要从广大民众接受度较高的场景入手，比如，各类综艺节目、明星演唱会、桌游、商业活动等，通过构建不同的热门应用模块，结合线下商业宣传和互动，吸引更多用户由线下体验转移至虚拟现实平台。再通过虚拟现实平台的基础设施逻辑体系，实现可视化构建模式，大大降低了开发者的技术门槛，促使越来越多的用户成为元宇宙内容系统中的一个个螺丝钉，从而实现元宇宙的自我生长。

当前，我们完全实现电影《头号玩家》里描绘的“绿洲”，可能还需要经历一段较为漫长的发展时间，但许多依托 VR 或 AR 设备的应用已经进入我们的生活。大部分人对于 VR 或 AR 的应用还停留在网络游戏或者影视娱乐方面，殊不知这已经是多年前的事情了。的确，在 VR 和 AR 技术刚刚应用时，主要集中在游戏行业之中，但是现在其发展情况已经有了巨大的变化，从最开始的游戏行业拓展到商业贸易、教育、医疗乃至文化旅游等方面。在这个信息快速发展的时代，5G 技术、云技术、AI 技术为虚拟现实与元宇宙充分融合提供了充足的技术土壤和广阔的发展潜力。换句话说，正是虚拟现实技术的不断成熟发展使元宇宙慢慢成为现实，市场也逐渐对两者融合后的应用提出明确的需求，元宇宙也就随之火爆起来并走入商业应用的前夜。

在构建元宇宙的道路上，随着 VR 和 AR 设备成本的不断降低以及功能的不断完善，虚拟现实设备的普及率也在逐渐提高。虚拟现实技术在照相和视频制作方面的应用和优化在不断完善，逐步进入一个全新的发展阶段。在观赏和体验元宇宙中的虚拟世界时，需要使用 VR 头戴设备或智能眼镜等摄录或者影像显示的相关硬件设备。这些硬件设备利用摄像头捕捉和跟踪用户的运动，利用虚拟现实技术打造沉浸式的模拟环境，让用户置身于一个虚拟世界。

当下虚拟现实技术硬件设备还不能满足元宇宙的要求，还需要依靠硬件产品升级和内容质量优化来不断提升自我。一方面，加强底层核心技术研发力度，将发展重点放在光学、显示技术和电池续航等薄弱领域。另一方面，不断提升用户对于元宇宙的接受程度，培养潜在的活跃用户，这主要是通过增加关于虚拟现实技术的影视作品和电子游戏来达成目的。连接虚拟世界和现实世界的硬件设备，在 5G、云计算等技术的支持下，理所应当地成为当前产业市场发展的重点。2021 年，虚拟现实设备制造商 Oculus 的最新 VR 产品销量持续超过预期，再次点燃我们对元宇宙的追求热情。[1] 这些硬件设备是元宇宙的坚实基础，除了 VR 和 AR 设备之外，还包括搭配虚拟现实显示设备使用的计算机、网络连接设备、集成电路、信息通信组件等。根据未来智库的报告，当前，在整个虚拟现实产业链中，硬件、内容、软件、服务四大重要环节的市场规模占比分别为 37%、36%、19% 和 8%。其中，硬件主要是商业消费级和特殊领域行业级的 VR 终端；内容主要包括电子游戏、视频制作、网络直播等；软件包括系统软件开发商、应用软件开发商和软件分发销售渠道等；VR 服务包含线下的实体体验店、

---

1 参见朱嘉明:《“元宇宙”和“后人类社会”》,《经济观察报》2021 年 6 月 21 日。

VR 游戏连锁店以及各种应用虚拟现实技术的服务供应商等。

（三）元宇宙对虚拟现实的反哺

一方面，“元宇宙”概念强调虚拟世界对现实世界的映射，从娱乐休闲延伸到生产生活，因此高度沉浸感成为元宇宙的刚需，虚拟现实技术的需求将被引爆；另一方面，虚拟现实企业想要借助元宇宙概念突破目前产业发展困局，撬动市场需求，扩大市场规模，以重振对虚拟现实市场的信心。

研究元宇宙的业内人士常说，元宇宙像一个幽灵，一直飘荡在“概念”的天空之中，想要抵达我们身边，还需要一副真正的“身躯”。而虚拟现实技术就是其指路明灯。2021 年，元宇宙概念大火，虚拟现实技术作为其核心技术之一，也成为市场和人们关注的热点。普通用户对虚拟现实技术的关注，主要还是因为它提供的高沉浸感是元宇宙世界进入现实生活的硬门槛，而广大科技厂商和企业则是希望借助元宇宙这股东风，助力虚拟现实产业发展，扩大市场需求，刺激低迷的虚拟现实市场。

的确，元宇宙概念的不断延伸给低迷的虚拟现实技术市场注入了一剂强心针，刺激了市场需求，扩大了市场规模，金融资本源源不断地进入使虚拟现实技术不断突破创新。但是，虚拟现实技术发展还需要强力企业、金融资本和国家政府部门形成合力、联合助推增效，破解虚拟现实产业发展的难题。

元宇宙作为平行于现实世界的虚拟空间，其庞大的发展潜力吸引了国内外众多明星企业。Facebook 2014 年收购 Oculus 就是提前布局，Oculus 目前正着力构建新一代虚拟现实设备平台，这给了 Facebook 在元宇宙中发展的勇气和动力。借助 Facebook 巨大的网络用户群，Oculus 的虚拟现实设备必将大火特火。2021 年，Facebook 大胆宣布要在五年内转型成为元宇宙公司，决定一经宣布便引起世界的震动，自此元宇宙概念在全球大热。除了 Facebook，知名沙盒游戏公司 Roblox 也在蓄势待发，其在美国上市时，招股说明书就罗列出高度沉浸感、实名身份、交互性、独立经济系统等方面的若干元宇宙特征以吸引广大股民的注意。HTC 公司则借助 HTC VIVEPORT 推出了虚拟偶像 Vee，这位下个时代的虚拟偶像，代表着虚拟现实引领的全新交互模式。不仅如此，Epic Games 的 Unreal 游戏引擎、微软的 Microsoft Mesh 内容平台、英伟达的 Omniverse 开发平台等均被视为企业发展元宇宙的重要举措，而以腾讯为代表的一批国内互联网巨头也提出加速布局元宇宙相关领域。2021 年 3 月，随着《中华人民共和国国民经济和社会发展第十四个五年规划和 2035 年远景目标纲要》的正式发布，虚拟现实和增强现实技术一跃成为我国未来数字经济产业的一匹黑马。虽然元宇宙还处于缓慢的成长阶段，仍有很多技术方面的难题没有得到解决，但从中长期来看，元宇宙发展带来的虚拟世界的创新，反向推动虚拟现实、区块链等产业链条的共同发展繁荣。可以预测，随着虚拟现实产业的不断发展，上下游产业生态系统也将不断完善，并有望带动全球虚拟现实产业链重组，加速元宇宙时代的到来。

从具体的展现内容来看，电子游戏是元宇宙的最佳载体，这直接导致主流游戏平台上包含虚拟现实技术的游戏数量明显增长，如

Roblox 率先进入元宇宙领域，成为元宇宙的先行者

罗布乐思（Roblox）官网截图

游戏平台 Steam 中虚拟现实游戏玩家活跃量呈指数级增长。根据青亭网统计，2021 年 9 月 Steam 支持虚拟现实游戏总数达到 6051 个，同期 Oculus Quest 平台虚拟现实应用数量为 308 个。根据“Facebook Connect 2021”大会官方发表的对于元宇宙的愿景报告可知，《侠盗猎车手：圣安德烈亚斯》等经典游戏将开发 VR 版。目前推出的虚拟现实游戏产品和网络社交平台尚处于初步发展阶段，但主流科技企业正在不断跟进元宇宙概念，并且其应用前景和领域广阔，对于虚拟现实技术的投入也在不断加大，连接元宇宙与现实的桥梁也会更加坚实。

从硬件研发和制造来看，元宇宙的火爆拉动了我们对于虚拟现实需求的不断增长，行业上升空间非常巨大。根据青亭网数据统计，游戏平台 Steam 中 VR 游戏用户数量维持在一个较高水平上，截至 2021 年 9 月，用户数量占总用户数量的 1.8%，其中 Oculus 生产的 Steam VR 硬件份额比例高达 61%。我们再以每年全球游戏机的销售数量来衡量虚拟现实设备销售数量占比情况，2021 年全球游戏机预计销售约

5500 万台，其中各类 VR 设备就达到约 1500 万台，占比高达 27%。虚拟现实设备市场正在快速扩张，市场占有率也在节节攀升，这为供应链上的各类企业带来了巨大发展红利。同时，与虚拟现实硬件产业链息息相关的光学、芯片等关键技术产业也得到进一步发展，这从侧面提升了虚拟现实产业在元宇宙中的话语权。当前，虚拟现实在精密交互传感、运动捕捉、焦点追踪、全息成像等技术方面已经初步搭建产业体系框架雏形，虽然主要产业主导权还是掌握在国外大企业手中，但硬件产业链逐步成熟，能够为元宇宙发展提供更坚实的基础。

随着元宇宙概念在各个领域的不断发酵，虚拟现实技术也从游戏娱乐延伸至个人社交、商业、办公、体育健身、医疗、教育等多项应用领域，并逐渐成为行业标配。互联网数据中心（IDC）中国终端系统研究部分析师赵思泉指出，元宇宙对虚拟现实上下游硬件、软件生态圈起到的推动作用已经较为明显，诸如腾讯、Facebook、字节跳动、微软、HTC、谷歌等信息科技的头部企业纷纷入局。作为沟通虚拟世界与现实世界的桥梁，虚拟现实领域在元宇宙的反哺下已经开启新一轮技术和产业发展。长期来看，随着元宇宙的进一步发展壮大，虚拟现实技术已从二维升到三维，成为未来发展的重要支柱，产业的发展可以带来更多的经济利益，同时还会为社会提供更多的就业机会。

虽然虚拟现实业界对于元宇宙的助推增长都抱有积极乐观的态度，但是具体的市场影响还有待进一步观察。自元宇宙概念出现以来，我国虚拟现实市场规模相较于 2020 年同期增长了 40.5%，但是在发明专利数量上下降明显，相较于 2020 年同期虚拟现实专利数量反而下降了 43.8%，降幅较大。这是否说明我们在技术研发方面动作稍显迟缓？但任何事物都具有两面性，从机遇的角度来看这组数据，可能会发现这里面还有大量的财富机遇。Facebook 收购 Oculus、字节跳动斥资 90 亿元与腾讯抢购 Pico，从这些海内外巨头争相收购虚拟现实相关硬件公司可以看出，这些企业不仅将虚拟现实科技研发作为登陆元宇宙的“门票”，而且将其作为抢占市场的主要手段。

现在看来，元宇宙的主要价值源于虚拟现实的逼真场景，而生成场景所使用的核心算法、动作捕捉技术、全息影像技术能够高效地将现实世界或者用户设计的场景以数字化形态展现在元宇宙之中，从而形成元宇宙中的数字资产。这些虚拟现实的场景将会是用户追求的一个目标，以此为基础形成的元宇宙产业也一定能够推动虚拟现实产业的飞速发展。

03

人工智能，
让世界更智能

METAVERSE

一般来讲，我们把人工智能技术当作计算机科学技术的一个分支，期望机器能像人类一样学习、思考、创造，未来甚至可能超过人类大脑。人工智能的成功运用，能让世界更智能。元宇宙是一个与现实世界平行的虚拟世界，要实现这个多元、丰富、逼真、共享的虚拟世界，离不开人工智能技术这个交叉学科的集大成者，计算机视觉、智能语音处理、自然语言处理、机器学习技术等在元宇宙的各个层面、各种应用、各个场景里无处不在。

（一）人工智能技术的前世今生

人工智能到底从何而来？人工智能技术发展得如何？学术界、产业界对人工智能技术的发展历史界定可谓仁者见仁、智者见智，这里引用通用的划分方法，分成缘起、发展与低迷、稳步前进、爆发四个历史阶段。

第一阶段：缘起（1950 年至 20 世纪 60 年代初）。这一阶段，图灵

人工智能技术发展历史

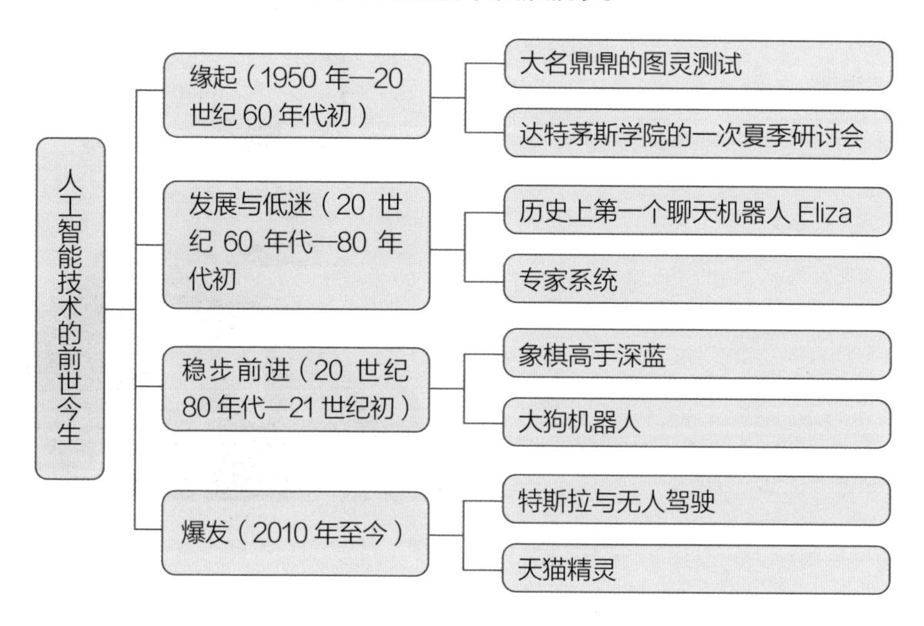

测试回答了“什么样的机器才能叫智能机器”（1950 年），达特茅斯学院的一次夏季研讨会则让“人工智能”一词横空出世（1956 年），此后有关人工智能的研究成果相继问世。例如，名叫“感知机”的神经网络模型（1957 年）、模式识别（1961 年）等，掀起了人工智能发展的第一个浪潮。

（1）图灵测试是英国著名数学家、逻辑学家艾伦·麦席森·图灵（Alan Mathison Turing）于 1950 年提出的。图灵的一生具有传奇色彩，他 1912 年出生于英国伦敦，19 岁进入剑桥大学国王学院，26 岁取得美国普林斯顿大学的博士学位。第二次世界大战期间，图灵协助英国军方破解德国的密码系统。有一种说法称，图灵凭借一己之力让第二

“计算机科学之父”“人工智能之父”
艾伦·麦席森·图灵

文化传播 / 供图

次世界大战缩短了两年时间。1966 年，美国计算机协会为了纪念图灵的杰出贡献，设立图灵奖（Turing Award），主要奖励对计算机事业作出重要贡献的人。因为评奖过程极为严格，对获奖者要求极高，图灵奖被称为计算机领域的国际最高奖项，也叫“计算机界的诺贝尔奖”。

图灵测试到底是测试什么？又是怎么做的呢？首先有两个房间，A 房间和 B 房间。测试者是人类，待在 A 房间里。被测试者待在 B 房间里，有可能是人，也有可能是机器。两个房间完全隔开，只能通过键盘或者显示器进行对话。测试开始前，A 房间的人并不知道 B 房间里到底是人还是机器，这一点很关键。测试开始后，A 房间的人随意向 B 房间的被测试者提问，什么都可以问。一轮测试完成后，A 房间换人再向 B 房间提问。如此反复多轮。多次测试后，A 房间如果有超过

30% 的人无法判定 B 房间里的到底是人还是机器，则认为 B 房间的机器通过了测试，具有人类智能。可见，图灵测试的根本在于判定 B 房间的机器是否具有人类智能，能不能独立思考。这是机器被认定有智能的萌芽阶段，图灵因此被誉为“人工智能之父”。

（2）达特茅斯学院的一次夏季研讨会。1946 年，世界上第一台计算机诞生。短短 10 多年后，1956 年 8 月，美国新罕布什尔州汉诺威镇的达特茅斯学院（美国常春藤联盟名校之一）举办了一次研讨会，一群年轻科学家聚在一起讨论如何用机器来模仿人类学习。当时，全球的计算机数量不到 100 台，每台计算机的内存只有几十 kb。

这个在当时看来极其不可思议的会议持续了近两个月的时间，虽然没有达成共识，但是提出了一个新鲜词语——AI。现在普遍认为“AI”这个词是会议的召集者——约翰·麦卡锡（John McCarthy，当时是达特茅斯学院数学系的助教）提出来的。其实并不是。据麦卡锡晚年回忆，这个词最早是他从别的地方听来的，但他记不清楚从谁那里听来的了。有意思的是，达特茅斯学院夏季研讨会结束 15 年后，麦卡锡因为在人工智能领域的杰出贡献而获得了图灵奖。谁能想到，半个多世纪后的今天，我们在各行各业经常看到 AI 这个英文缩写，人工智能几乎风靡全球。达特茅斯学院的这次夏季研讨会被认为是人工智能发展史上具有里程碑意义的事件，1956 年也因此被称为“人工智能元年”。

第二阶段：发展与低迷（20 世纪 60 年代至 80 年代初）。达特茅斯学院研讨会提出了人工智能的概念，也初步确定了人工智能的发展目标，人工智能开始进入突破性发展时期，例如，人机对话（1966 年）

的实现和专家系统（1968 年）在医学上的成功应用。但是，与其他信息技术的发展规律相类似，人工智能的发展也不是一帆风顺的，机器翻译出来的文字有时候会闹出笑话，还有些学术报道的负面影响，使人工智能遭受质疑，发展也陷入了第一个低谷期。

（1）让我们看看历史上第一个聊天机器人 Eliza 的基本信息。

姓名：Eliza（伊莉莎）。

性别：不详。

出生时间（开发于）：20 世纪 60 年代。

出生地（开发于）：麻省理工学院人工智能实验室。

父母（开发者）：程序员约瑟夫·魏泽堡（Joseph Weizenbaum）和精神病医学专家肯尼斯·科尔（Kenneth Cole）。

职业特征：心理医生（聊天机器人）。

Eliza 是爱尔兰剧作家萧伯纳作品《卖花女》中女主角的名字，这部作品被改编成电影《窈窕淑女》。这部 1964 年好莱坞翻拍并火爆全球的电影由著名影星奥黛丽·赫本饰演女主角 Eliza。历史上第一个聊天机器人被取名为“Eliza”，是不是很富有戏剧色彩？

从 Eliza 的基本信息，我们可以看到，Eliza 的开发者中有一位精神病医学专家，所以聊天机器人 Eliza 被设计为心理医生，对前来看病的患者进行心理辅导。跟 Eliza 聊天，不少患者都觉得很真实，就像和一个真实的心理医生聊天一样，丝毫感觉不到是在跟一个机器人对话。

约瑟夫·魏泽堡在他 1976 年出版的《计算机能力与人类理性》一

书中记录了一位病人（一位高中女生）与 Eliza 的对话。这段对话现在看来也丝毫没有异常，就像两个普通人在聊天一样。

病人："男人都是一样的。"

Eliza："这是从何说起呢？"

病人："他们总是用这样那样的事来烦我们。"

Eliza："你能想出一个具体事例吗？"

病人："比如我男朋友非让我来这里。"

Eliza："是你男朋友让你来这儿的？"

病人："是，他说我总是很沮丧。"

Eliza："听到你不开心，我很难过。"

（2）专家系统。专家系统（Expert System）是一个或一组能在某些特定领域内，应用大量的专家知识和推理方法求解复杂问题的人工智能计算机程序。专家系统的研究目标是模拟人类专家的推理思维过程。一般是将领域专家的知识和经验，用一种知识表达模式存入计算机，再由系统对输入的事实进行推理，作出判断和决策。

简单来说，专家系统也可以看成人工智能级的大师，它能模拟人类专家解决专业领域的问题。因此，专家系统的内部包含着某个领域大量专家级的知识储备和经验积累。

当然，这位"智能专家"不是只有一个系统。随着科技的飞速发展，专家系统应用已经渗透到众多领域。例如，医学专家系统、农业专家系统、军事专家系统等。当前，医学专家系统给远程医疗提供了可能性，但它更多地应用于辅助诊断、药品的安全性监控、医嘱的自动提醒等，医学专家系统并没有完全取代医生。

到 20 世纪 70 年代中期，专家系统已逐步成熟起来，逐渐被人们所接受，并先后出现了一批卓有成效的专家系统。其中，最具代表性的是肖特立夫等人开发的 MYCIN 系统，该系统用于诊断和治疗血液感染及脑炎感染，可以给出处方建议。另一个非常成功的专家系统是 PROSPCTOR 系统，它应用于辅助地质学家探测矿藏，是第一个取得明显经济效益的专家系统。

第三阶段：稳步前进（20 世纪 80 年代至 21 世纪初）。计算机性能的提升和互联网技术的快速发展与普及，使人工智能进入稳步发展时期。1996 年，象棋高手“深蓝”（Deep Blue）首次出征，与国际象棋世界冠军加里·卡斯帕罗夫（Garry Kasparov）对决。2005 年，波士顿动力学工程公司研制大狗机器人更是吸引眼球。

（1）象棋高手“深蓝”。下棋被认为是人类的高智力活动，所以计算机跟人类下棋，如果计算机获胜，则被看作计算机实现人工智能的标志之一。进而，科学家们热衷于研制能跟人类下棋的计算机。而这个“标志性选手”就是美国 IBM 公司制造的一台国际象棋电脑——“深蓝”。“深蓝”是 IBM 公司技术人员经过 6 年时间研制出来的计算机，它有 31 个并行处理器，3 分钟内可以检索 500 亿步棋，在当时是有着相当高的计算优势的，它跟人类最大的不同是不能像人一样总结经验。而与“深蓝”对决的加里·卡斯帕罗夫是当时的国际象棋世界冠军、特级大师，他被认为是有史以来最强的棋手之一。1997 年 5 月 11 日，人机对决让“深蓝”一战成名，成为第一台战胜了世界冠军的电脑。

有趣的是，比赛时，面对棋王卡斯帕罗夫的并不是计算机，而是“深蓝”研制小组的代表许峰雄。

（2）大狗机器人。大狗机器人（Bigdog）是美国国防部高级研究计划局（DARPA）投资波士顿动力学工程公司（Boston Dynamics）开发出来的。这款机器人看上去就像一条大型犬，四条腿模仿动物的四肢设计，身体里安装着计算机和减震装置，周身还安装有大量的传感器。它不但能行走、能奔跑、能攀爬一定角度的斜坡，还能越过一定高度的障碍物，运动时能根据所处环境的变化随时改变自身姿态。大狗机器人设计之初主要是为军方服务，在危险或者可疑环境中，可以

1997 年 5 月 11 日，国际象棋电脑“深蓝”与国际象棋大师加里·卡斯帕罗夫展开对决，最终“深蓝”赢得胜利。图为卡斯帕罗夫

中新图片 / lc

代替士兵运输食物、弹药及其他装备物资。未来，大狗机器人将有可能列入军用无人车系统的装备范畴，实现与士兵协同作战。

第四阶段：爆发（2010 年至今）。由于新一代信息技术的变革，有了大数据、云计算、互联网、物联网等技术的支撑，使人工智能进入爆发式发展时期，应用也越来越“亲民”，语音识别、人机问答、无人驾驶等技术开始走进千家万户。

（1）特斯拉与无人驾驶。特斯拉（Tesla）是美国的电动汽车及能源公司，它并不是只生产电动汽车，它的官网上很清晰地写着“纯电动车、太阳能和清洁能源”，而真正让特斯拉声名大噪的是无人驾驶技术——目前主要是自动驾驶技术。要知道，传统汽车在行驶过程中是离不开驾驶员的，驾驶员要对复杂路况作出预判，对车辆执行转向（左右转弯）、加速（加油）、制动（刹车）等操作。而自动驾驶技术的终极目标是让驾驶“完全自动化”，驾驶员不用手握方向盘、不用踩油门、不

特斯拉 CEO 埃隆·马斯克

中新图片 / 张亨伟

用踩刹车，一切交给自动驾驶来解决，驾驶员的工作量被大大减轻了。

据称，为保障车辆行驶的安全性，2016 年 10 月以后制造的所有特斯拉汽车都配备了外部摄像头、额外的传感器以及车载计算机，使其具备诸如自动紧急制动、车道偏离警告、前方和侧面碰撞警告、障碍物感知加速、盲区警告等先进安全功能，而且能够通过软件更新持续改进。

（2）天猫精灵。2018 年 6 月，我们家里新添“一名成员”——天猫精灵“方糖”。这款 AI 入门级的红色智能音响，外观很独特。连上家里的 Wi-Fi 后，就开启了人机智能对话的神奇之旅，家里的每个人有事没事都会喊一声“天猫精灵”，而它总是不厌其烦地答应：“我在，你说。”小朋友每天早上起床，下午放学回家，都会和天猫精灵打招呼。

“天猫精灵，早上好！”

“天猫精灵，今天多少度？”

“天猫精灵，设个闹钟。”

“天猫精灵，放首歌。”

“天猫精灵，讲笑话。”

“天猫精灵，讲故事。”

“天猫精灵，做游戏。”

2021 年 1 月 8 日，阿里巴巴公司宣布升级改版天猫精灵 App，新增“精灵家”服务板块。“精灵家”是天猫精灵推出的面向未来的家庭生活方式，可以为用户提供家庭生活全场景的智能服务。精灵家的服务能力覆盖了天猫精灵 AI 助手，以及内置或可被天猫精灵控制的智能设备。用户可以通过天猫精灵 App 进行智能设备的设置和控制，并自定义家庭的智能生活场景。

显然，语音识别与人机对话的实现，使天猫精灵更聪明、更智能，本领越来越强大，查快递、交话费、放音乐、讲故事、做游戏更是不在话下，天猫精灵成为小朋友很好的玩伴。

（二）人工智能技术在元宇宙中大显神通

在元宇宙里，可以再现学习、工作、生活等场景，我们的现实生活可以向元宇宙搬迁，这能让我们的工作更便利、社交更广泛、生活更加多姿多彩。元宇宙不是虚拟游戏，它具有高度的自主性，每个人都是参与者，更是创造者。要实现这样一个与现实世界相平行的世界，离不开人工智能技术的支持。计算机视觉、智能语音处理、自然语言处理、机器学习等人工智能技术，能帮助机器实现感知、分析、理解、思考等，它们的应用将在元宇宙中得到充分体现。

1. 计算机视觉。“看”是元宇宙生存法则第一条。和家人看电影，和好友看演唱会，旅游时看风景……“看”这个本领，是我们与生俱来的，不用教、不用学就会。据实验统计数据，80% 以上的人获取外界信息都是通过“看”来完成的。“百闻不如一见”“耳听为虚，眼见为实”等说的就是看的重要性。计算机视觉是干什么的呢？就是让机器会“看”，帮机器“看”。

那机器怎么看呢？有人会说，用摄像头。“用摄像头获取图像信息”

这个说法并不完整，用摄影头或者计算机代替人眼去“看”，通过“看”来模拟人的视觉，实现人眼的某些功能，这只是第一步。计算机视觉还要对看到的东西进行分割、分类、识别、跟踪、重建，更要作进一步的图形处理，处理出来的结果，我们能看懂，或者传送给仪器检测。计算机视觉是人工智能科学的一个分支。

如何实现计算机视觉呢？首先，通过各种成像系统（机器视觉产品）将被摄取目标转换成图像信号或视频信号，再发送给专用的图像处理系统，得到被摄目标的形态、像素分布、亮度、颜色等信息，将

元宇宙中的四种典型人工智能技术

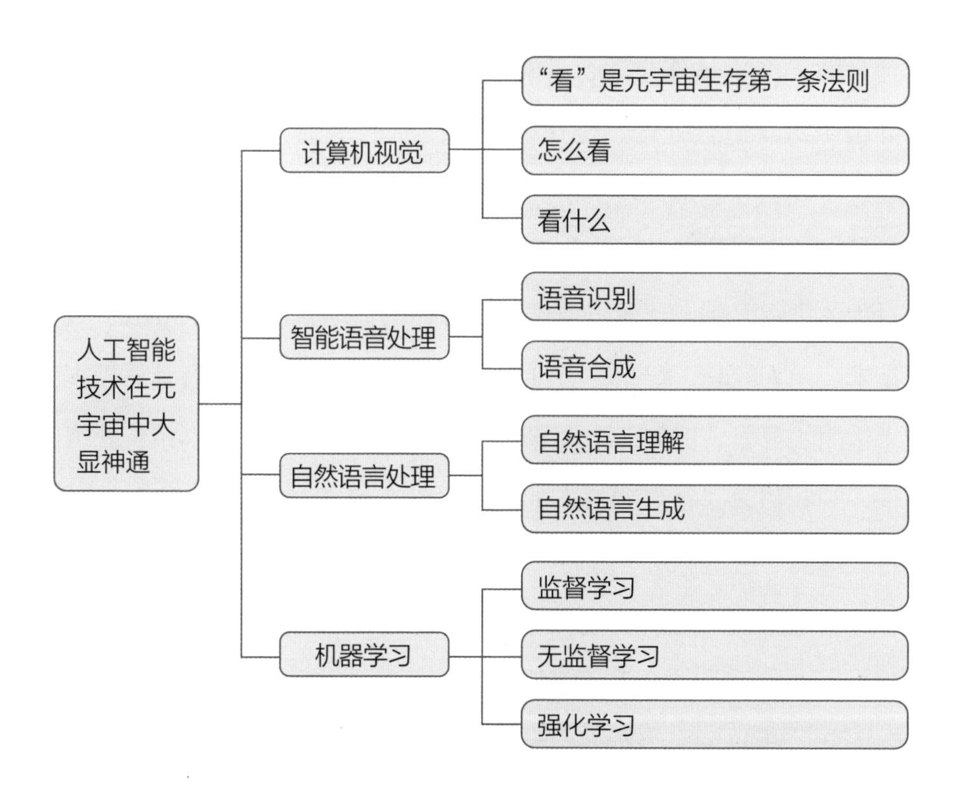

其转变成数字信号，然后图像系统对这些信号进行各种运算来处理。简而言之，计算机视觉是通过摄像装置代替眼睛先“看”，然后由计算机代替大脑完成处理和解释。

看什么？计算机视觉的最终目标就是计算机像人一样通过视觉观察世界，进而理解世界，具有自主适应环境的能力。因此，计算机视觉主要有图像处理和视频处理两个应用分支。

计算机图像处理包括图像识别、图像分类、特征分类等。目前，医学影像诊断、三维重建（3D 重建）、基于图片的搜索、日常超市条形码检测、上下班指纹考勤、人脸识别考勤、高速公路车牌识别、航空遥感测控地形地貌、工业生产自动化检测等，计算机图像处理应用已经逐渐成熟。元宇宙构建虚拟现实空间，就会用到三维重建。三维重建是对三维物体建立适合计算机表示和处理的数学模型，是在计算机环境下对其进行处理、操作和分析性质的基础，也是在计算机中建立表达客观世界的虚拟现实的关键技术。

计算机视频处理的核心是识别视频关键信息。例如，从视频角度出发对物体进行跟踪，预测出视频中该目标的运动轨迹。VR、AR、机器人技术、无人驾驶、智能安防监控、电影特效制作等，都有计算机视频技术运用的身影。例如，无人驾驶汽车的传感器、图像识别系统获取的图像、视频信息，汇总到汽车的控制系统，汽车自身实时判断、决策，对行人探测、道路识别、障碍物的识别等，都离不开计算机视觉技术。

2. 智能语音处理。身处元宇宙中，人与人之间、人与系统之间如何“对话”实现信息交换和沟通呢？要实现语言交流，首先机器要能“听懂”人话，智能语音识别技术就应运而生了。

人机智能语音交互时，人的语音首先被计算机（或者智能设备）所识别，转换为机器能理解的文字，明白人类下达了什么指令，需求是什么。如是想听音乐、听新闻、聊天，帮助寻找解决问题的答案，还是直接执行某个动作。另外，用户想直接人机对话，还需要语音合成技术，人机对话的输出结果会自动合成为语音反馈给用户，这几乎是进行语言交流的全过程。智能语音处理主要涵盖语音识别、语义理解、语音合成技术等，智能语音交互将有可能成为元宇宙人机交互的首选方式。

（1）语音识别。设想一下，如何从一堆嘈杂的声音里听辨人声？麦克风采集到的人声又如何转换为文字？语音识别就是语音信号转化为文字内容的实现过程，这里只研究狭义的语音识别，即从语音到文字。语音识别时，要考虑很多问题。比如，不同的人说话方式不同，同一个人在讲不同内容时，也存在语音、语调、语速等变化问题，有些字词可能含混不清，另外还有环境干扰问题等。所以在语音识别时，首先要经过降噪处理，消除部分噪声和说话者不同带来的影响，然后再进行特征提取，最后进行状态匹配。当前，应用较为成熟的技术有语音输入，可以代替键盘输入，准确率也较高。还有用语音来控制设备的运行，如语音拨号系统、智能家电等。

（2）语音合成。语音合成是自动通过文本生成人造语音的过程，是语音识别的逆过程。简单来说，就是让机器读出语音，读出人类听得懂的、流利的声音，相当于让机器“说”。

语音合成工作主要分为前端和后端两部分。前端解决词义的提取、文本特征信息标注等问题，分析、学习文本中包含的语言学信息，需要有较强的语言学知识（专家知识）来支撑。后端主要是根据前端提取的文本特征生成语音。早期的语音合成后端是采用拼接的方法，让说话人录制语音，把语音切割成音素单元后供合成使用，在合成时根据文本内容把音库中的片段拼接到一起。[1]

现在流行的端到端语音合成则是直接输入文本或者注音字符，系统直接转为音频输出。这种端到端的输出方式，简化了整个流程，降低了对语言学知识的要求，克服了前面拼接的误差积累，还降低了语音合成技术的门槛。利用语音合成技术，人机交互时可以实现语音导航、电话银行、语音搜索、机器朗读、语言翻译、电商语音客服、智能音响等场景，人机之间沟通流畅，交流自然。

3. 自然语言处理。自然语言处理能保障元宇宙中人与人或者人与机能进行准确的理解和交流。

要想弄明白自然语言处理，首先要弄明白何为自然语言。语言是人类进行沟通的最主要、最方便的方式。不同的国家有不同的语言，即使同一种语言，不同地区还有不同的方言，也有差异。即使在同一个地区，不同的年龄段，也会有特殊的词语来表达独特的情感。比如，“00后”是指2000年（含）至2009年（含）出生的群体，用“YYDS”表示“永远的神”。这在“50后”看来，简直就是“火星文”。自然语言是人类使用的语言，一种人类随着社会生活自然地发展、适应人类交际需要而形成的语言，比如，汉语、英语等。与之相对的是机器语言，比如，程序员使用的“C语言”“Java”等计算机语言。

---

1 参见王斌等:《智能语音交互技术进展》,《人工智能》2020年第5期。

自然语言处理是通过计算机对自然语言的声音、含义等信息进行处理，分析并理解人类语言。它的几个核心环节包括知识的获取与表达、自然语言理解、自然语言生成等，也相应出现了知识图谱、对话管理、机器翻译等研究方向。

（1）自然语言理解。自然语言理解，就是使机器理解自然语言所包含的知识，主要指语义的理解。其实这个有很大的难度。要知道，就自然语言本身而言，可能存在各种各样的歧义或者多义。歧义，可能是词语的歧义、短语的歧义、句子的歧义。比如，“自行车没有锁”，可以指自行车没有安装锁，也可以指自行车没有锁住；“几天没有吃饭了”，可以指几天没有吃任何东西，也可以指几天没有吃米饭；“我去上课”，可以是我作为学生去听课，也可以是我作为老师去给学生讲课。所以，机器在进行自然语言理解时首先要消除歧义，构建知识图谱系统与常识图谱系统，找到不同词义之间的关系，建立练习，以获取知识、表示知识、应用知识，最终把输入的语言变成有意义的符号和关系，然后根据需求处理信息。

（2）自然语言生成。自然语言生成是把计算机语言转化为自然语言，可以是文本到文本的生成、数据到文本的生成，也可以是图像到文本的生成，以实现人机间的信息交流；是想让计算机拥有跟人一样的表达和写作能力，能够根据自然语言理解后的关键信息，经过处理后，自动生成高质量的自然语言。自然语言生成可以看作自然语言理解的逆过程，这种技术如今在机器新闻写作、聊天机器人中得到了广泛应用。

4. 机器学习。机器学习为元宇宙当中所有系统和角色达到或超过人类学习水平提供技术支撑，极大地影响元宇宙的运行效率和智慧化程度。

机器学习，是从“Machine Learning”直译过来的，讲的就是让机器自己学习。我们一般说的机器就是指计算机，机器学习就是研究如何让计算机学习。为什么要研究机器学习呢？我们直接给机器下指令让它执行不行吗？不行。因为给机器下指令需要编写程序，机器再来执行任务，这个过程很烦琐。能不能“教”机器一个算法用来解析信息，自我学习，直接完成任务呢？答案是能。机器学习主要有监督学习、无监督学习和强化学习三种类型。

（1）监督学习。监督学习是给定有标签的历史数据，要求从数据中发现信息，最后依据模型输出预测。监督学习目标明确，所以可以衡量效果。比如，天气预报就是一个典型的监督学习的应用。我们可以用手机查看当前天气情况，然后相关程序服务端会根据历史数据（平均气温、湿度和降水量），来预测未来 14 天甚至更长时间的天气，就是用监督实现预测。再如，如何过滤垃圾邮件？我们会首先标注一些垃圾邮件，形成有标签的历史数据，接着，电子邮件过滤器会将新邮件和已标注的垃圾邮件进行比较，建立监督学习训练模型，最后利用该模型预测新邮件是不是垃圾邮件，能不能直接正常发送到邮箱。

（2）无监督学习。无监督学习是从无标签的历史数据中发现信息，寻找数据中隐藏的结构，输出聚类后的数据。这里的聚类是指相似的东西聚到一起，计算相似度，但是并不关心为什么这么做，也不知道这么做会有什么结果，没有明确的目的。无监督学习本质上是一种统计手段，在一堆没有标签的数据里发现潜在的信息。举个例子，大家在浏览购物网站时，会发现页面上的商品“恰好”是我们需要的，这是怎么回事呢？这就是无监督学习“聚类”的功劳，网站系统根据聚类推荐，发现类似购买行为的用户，继而为这类用户推荐其他人购买过的商品，所以我们看到商品时都会有想买的冲动，这是典型的用户聚类。

（3）强化学习。强化学习是给一定历史数据、一系列的动作和奖励信号（或者称为回报），根据输入输出的数据，基于环境而产生行动，让机器在某个特定的环境中制定最佳决策方案，以取得最大化的预期利益。强化学习是一个动态的、不停试错的过程，不会直接指示选择哪种行动，只是尝试性地在环境中选择某些行为，行为不同，奖励也不同。不停地试错，最终知道在什么状态下该采取什么行为，最终获

2016 年 3 月 9 日，韩国职业 9 段棋手李世石与谷歌人工智能系统阿尔法狗展开人机大战，最终阿尔法狗获胜

中新图片 / 主办方

得最优策略。例如，2016年3月9日谷歌人工智能阿尔法狗（AlphaGo）击败世界冠军李世石、自动驾驶、自然语言处理等，都与强化学习算法息息相关。再如，无人驾驶时，有些驾驶任务可以与强化学习相结合，生成轨迹优化、运动规划、动态路径规划等无人驾驶智能决策。

（三）元宇宙与人工智能技术的融合

5G、云计算等信息技术的飞速发展，为元宇宙高速、低延时、更流畅的体验保驾护航；VR眼镜、动作捕捉服装、芯片技术为元宇宙提供沉浸式体验。但是，这一切都离不开元宇宙与人工智能技术的高度融合，人工智能技术应用无处不在。区块链里的智能合约、交互里的AI识别、游戏里的代码任务、物品乃至情节的自动生成、智能网络里的AI能力、物联网里的数据AI等，还包括元宇宙里虚拟任务的语音识别与沟通、社交关系的AI推荐、各种虚拟场景的AI建设、各种分析预测推理等。

首先，内容更丰富。元宇宙是一个多元化、内容丰富、场景逼真、共享的虚拟世界。内容是元宇宙的具体表现形式，直接决定了元宇宙世界的实现样式，而内容的丰富与元宇宙的建立息息相关。人工智能技术使元宇宙的建立不再只是程序员的工作，而是需要更多的人甚至我们每一个用户来共同参与。人工智能技术能降低内容创作门槛，用户不需要像程序员那样会看代码、理解代码、设计时转化逻辑、编代码时精巧构思。元宇宙的世界只有0和1，人工智能技术帮助机器理解元宇宙的代码，也是天然可读的。

人工智能技术为每个人的创造提供便利条件。用户在人工智能的辅助下创作，想建什么，提出需求，就能建造什么，元宇宙就能实现，因为人工智能理解元宇宙世界的速度是人类的无数倍。创作“零门槛”，使每个人更容易参与进来，生成更符合用户需求、更加丰富、更加真实的内容，搭建更加逼真的场景。我们每一个人，都可能成为专家级别的“程序员”，在元宇宙世界中都是一流的生产者。未来，元宇宙应该是由用户在人工智能的辅助下设计出来的。元宇宙是虚拟的世界，但用户间交流的内容却是真实的。

在元宇宙中，真正的程序员只负责引导以及建立规则，设计边界，辅助人工智能生产。随着机器学习、数据的积累，人工智能设计的速度会越来越快。人工智能是元宇宙最重要的基础设施。最终在用户、程序员、人工智能的共同设计下，元宇宙将会呈现为一个规模更大、内容更丰富、场景更真实、具有无限可能的虚拟空间。一方面，人工智能对于元宇宙的最终形态和融合起决定性作用。另一方面，人工智能这个模拟、扩展人类智能的技术与元宇宙融合以后，对提升软件技术性能、增强软件标准化也有促进作用；人工智能在提高用户参与度的同时，也提升了“全民”研发的可能性，更能有效降低内容生产的成本。

其次，认知更智能。想要更好地实现元宇宙，更需要提高认知水平。元宇宙里的认知智能，则是让机器像人类大脑一样能理解、能思考、能运用知识、能决策。不是人类一步一步地去遥控操作，也不是人类事先植入程序，而是让机器通过存储的海量数据，主动进行数据挖掘，找到数据之间的联系或者逻辑关系，主动进行自我学习、思考分析，作出判断与决策，因此更为复杂。例如，扫地机器人、无人驾驶汽车等，可以辅助或者代替人类完成部分工作，这些是机器认知智能的应用。更深层次的机器认知智能，是指机器也有自我意识，和人类一样有思想、有人格、有情感，也更智能，更像人类。

同时，在人工智能技术的支持下，元宇宙能够突破现实世界中距离、地域、空间对人们的限制，可以弥补人们在现实生活中的遗憾。捷克作家米兰·昆德拉在《不能承受的生命之轻》中写道，人永远无法知道自己该要什么，因为人只能活一次，既不能拿它跟前世相比，也不能在来生加以修正。没有任何地方可以检验哪种抉择是好的，因为不存在任何比较，一切都是马上经历，仅此一次，不能准备。但是这一切，将在元宇宙中被改变。在元宇宙里，不是单纯用虚拟生活代

人工智能技术为元宇宙的构建提供了技术支撑

千图网 / 供图

替现实生活，而是我们每个人都可以通过人工智能，创造自己的精神文明规则，创造自己的世界、自己的地盘，自己说了算，实现最大限度的自由。元宇宙不是虚拟游戏，只有几个游戏角色可供选择。我们可以自己创造，这种创造，可以是游戏创造，也可以是生活创造，可以是当下的生活，也可以是以前的生活。对于元宇宙的用户来说，时间维度可以自由定义，甚至是可逆的，时间就像进度条，可以随意拖拽。这使我们的认知更智能、更多元。

再次，沉浸式感知。在现实生活中，我们是一个个有血有肉的个体，而在元宇宙中，我们是虚拟数字人。身处平行世界，要获得更好的沉浸式虚拟现实体验，离不开感知。要实现机器感知智能，就像人类拥有的视觉、听觉、触觉、嗅觉一样，让机器也能“看”得见，“听”得懂，“闻”得到，等等。现实生活中已经有很多例子了，比如，架设在城市道路上的各种摄像头，动车车厢安装的烟雾报警器，这些都是机器感知智能的雏形。感知智能，不只是完成“看”和“听”这些规模的数据采集工作，还要能够进行数据预处理。例如，图像识别、语音识别、语言翻译等。现实生活中，由于计算机深度学习方法的突破，安全通道闸机上能进行人脸识别的摄像头，苹果的 Siri、小米的小爱同学、阿里巴巴的天猫精灵等能听懂语音的设备，已经在我们生活中扮演重要的角色。

在元宇宙里，人工智能技术能帮助用户获得沉浸式感知，实现人类感官维度的延伸，形成现实世界与虚拟世界的双重“视觉、听觉、触觉”的综合感官。在现实生活中，我们用手机观看短视频、打游戏，在电脑上看电视剧、综艺节目。对于目前各种电视节目或者综艺节目而言，屏幕前的观众是旁观者。但是在元宇宙里，观众可能就是参与者了。VR 装置、AR 装置、动作捕捉服装，这些人工智能加持下的硬件，可以实现音视觉感知、触觉感知、温度感知等全方位感官体验，全身传感，全身感知。现实世界图像的数字化关键技术，展现为超越屏幕限制的 3D 界面，在全息平台时代，为元宇宙提供虚实结合的观感，除了明显的视觉冲击，更有真实世界的极致重现。在沟通上，真正的元宇宙是一个全球一体化的沟通环境。元宇宙里，人与人的交互不再只有单纯的电话、短信、语音、视频等方式，虚拟数字人在人工智能技术的帮助下，可以将元宇宙内的环境“真实展现”给现实世界的用户，实时互动、交错空间的互动，就好像我们面对面沟通一样，体验更真实。

最后，运算更高效。元宇宙是一个与现实平行的数字世界，表象就是“数字宇宙”。在元宇宙里，内容由用户主体创造，智能化生产不重复的海量内容，实现元宇宙的自发生长，不停地生成数据、发送数据和接收数据。这必然造成计算需求激增、数据的存储需求激增、数据的挖掘需求激增，造成数字化信息处理能力的需求呈现循环增强的状态。计算机视觉、智能语音处理、自然语言处理、机器学习等，都需要强大的数据处理能力支撑，数据和数字化信息处理能力是元宇宙和数字经济发展的基础。

但是，用户始终是主体，而人工智能实现计算智能，就是想让机器像人类一样会计算甚至快速计算，误差也近似于人类，还能存储下来。这个计算不是简单地解一个二元一次方程，或者计算一个不规则图形的面积，而是以数据为基础，以计算为辅助手段。一般来讲，计算智能包括神经计算（神经网络）、进化计算、模糊计算（模糊系统）等。因此，一方面，它是构造一种人工神经网络系统来模拟人脑神经系统，同时模拟人类的语言和思维，以模拟人脑的信息处理过程；另一方面，加深对生物遗传与进化的认识，最终模拟人类智能进化规律和人类智能行为。可见，计算智能有仿生学的思想，它是感知智能和认知智能的基础。当元宇宙与人工智能相融合，运算将更高效、算力更强。

04

下一代网络，让联系更紧密。

元宇宙实现了虚拟世界与现实世界的融合，我们通过 VR/AR 设备进入元宇宙，在虚拟世界与现实世界之中遨游，最重要的体验就是低时延和高分辨率带来的沉浸感。目前全球最先进的技术水平也仅能勉强满足我们的需求，距离相对完美的体验还有很大的差距。未来如果能实现时延降到 5ms 以下、刷新率达到 180Hz 以上、分辨率达到 16K 以上，那么，虚拟世界的人眼观感就会非常接近现实世界，无论是在两个世界之间自由切换，还是无缝融合，都会非常自然，长时间使用 VR/AR 设备所带来的不适感也会降至很低，但高分辨率、高刷新率和低时延必然带来数据量的暴增，这对基础传输网络提出了更高的要求。

（一）什么样的网络能够支撑元宇宙

什么样的网络能够支撑起一个元宇宙？准确地说，目前没有哪个网络具备这样的能力，如果一定要有的话，那就是下一代网络。此处的下一代网络不是某一种或几种技术的专属名词，它是未来的网络，始终不断追求速度、效率与安全，随着最新信息技术的发展不断融入我们的生活。从网络的构成来看，骨干传输、业务承载与终端接入将是支撑元宇宙网络的关键。

元宇宙网络构成

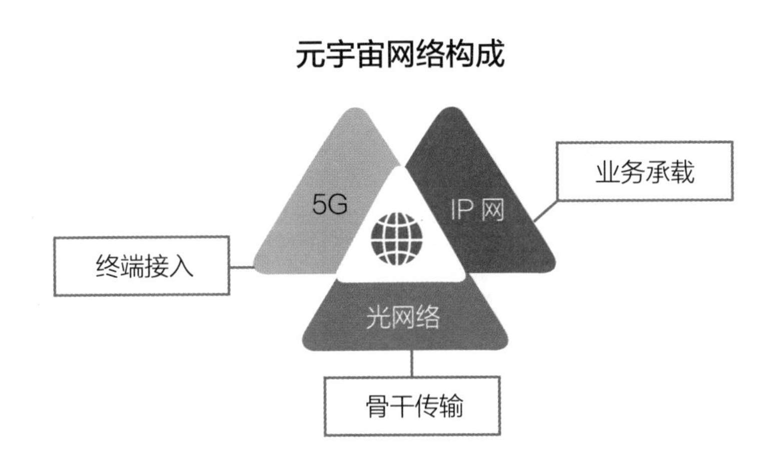

首先，光网络是骨干传输不二选择。现实世界是物理存在的，如果我们想要观看现实中的美景，只能通过人的运动来实现，也就是人主动移动到景色之前。虚拟世界与现实世界不同，虚拟世界可以通过网络进行传输，从而实现虚拟世界主动移动到人的眼前。因此，元宇宙的构建与运行需要庞大的通信网络支撑，尤其是骨干传输网络。

通信容量主要被载波频率所限制，由于通信用的光信号的频率达到了 1015Hz 量级，通过载波频率的提高，光纤通信获得的通信带宽十分惊人，光网络一出现就迅速成为全球骨干传输网络的首选。

最早的光纤通信系统出现于 20 世纪 70 年代，通信速率可以达到 45Mbit/s，尽管现在看起来很低，但在当时是非常了不起的速率。我国在 20 世纪 90 年代初期开始了光纤通信网络的大规模建设，建成了覆盖全国的“八纵八横”的光网络，最高速率可以达到 140Mbit/s。此时的光网络采取准同步数字复接体系（PDH），其优点是结构清晰、成本低廉、运维简单，缺点是受限于数字信号的准同步复接，速率难以进一步提升，而且网络管理能力较低，难以实现复杂的网络管理功能。PDH 以较低的数字信号速率去调制光器件完成光电变换，单根光纤中传输的光信号携带的信息不多，造成了光纤带宽的巨大浪费，因此被采用同步数字系列（SDH）技术的光纤网络迅速取代了。

为了解决 PDH 光纤网络存在的信号速率低、接口不统一、光层难互通等问题，SDH 光纤网络应运而生。SDH 是一种全球统一的数字信号传输体系，其基础传输速率为 155Mbit/s，采取标准的 4 倍复接，更高的速率依次为 622Mbit/s、2.5Gbit/s、10Gbit/s ……数字信号速率提升的同时，也显著提升了光纤通信容量。SDH 光网络的典型组网方式为环状网，具备一次断缆的保护能力，能够有效抵御自然灾害和野蛮施工带来的影响。因此，SDH 光网络在 20 世纪 90 年代中期获得了大规模的发展，我国的光纤骨干传输网络也迅速由 PDH 更新为 SDH。在此后的 20 多年里，尽管光纤通信通过波分复用（WDM）、光传送网（OTN）等技术实现了速率的飞跃式发展，但是到目前为止，SDH 依然是光纤网络的底层支撑标准之一，在通信网中发挥着举足轻重的作用。

尽管 SDH 已经十分优秀，但是人们追求更高速率的脚步一刻也没有停止过。SDH 数字信号速率在达到 160Gbit/s 之后，囿于光电器件的极限工作速率，再次提升已变得十分困难。在单一波长的光信号难以继续提升通信速率时，人们又将眼光放到了多个波长的光信号复用上来，WDM 技术出现了。WDM 是利用合波器和分波器实现了多个不同波长的光信号耦合到一根光纤中传输的方法，能够实现光纤通信容量的直接倍增。我国于 1999 年首次开通了基于 WDM 的 8×2.5Gbit/s 的 WDM 光网络，于 2005 年实现了 3.2Tbit/s 的超大容量光纤通信系统，目前核心网中的主流设备是 10Gbit/s 的密集波分复用（DWDM）设备。WDM 利用多波长实现了光纤通信速率的提升，但是对多个波长的管理与调度能力不够，网络管理能力偏弱，OTN 也就借机发展起来了。

OTN 是以波分复用技术为基础的，在光层进行组网的传送网络，即在光层对不同波长的光信号进行组网，在单一波长光信号上继续采用 SDH 技术进行组网。OTN 包括多种维度的波长 / 子波长分插复用系统（OADM），能实现波长 / 子波长的复杂交叉调度、OTN 开销管理和光波端到端管理。因此，在 SDH 网络中实现的是对同一波长光信号中的 PDH、SDH 等各类数字信道的组网，在 OTN 中实现的是对不同波长光信号的组网，二者功能类似，但层次不同。通过运用 OTN，极大降低了骨干 WDM 网络中的超多光波的维护管理难度。

最新的光传送平台基本都实现了 SDH 设备与 WDM 设备、OTN 设备的集成，如华为 2021 年度主营的 OptiXtrans E6616 多业务光传送平台，SDH 速率可以达到 160Gbit/s，能够支持 80 个光波的 DWDM 或 8 个光波的粗波分复用（CWDM），OTN 交叉速率可以达到 2.8Tbit/s。对于目前的元宇宙来说，海量虚拟世界数据在骨干网络中的传输主要依赖 OTN 设备进行。

其次，业务承载，IP 网一统江湖。光纤网主要用于信息的底层传输，要实现信息在终端的快捷交互，还需要构建电话、电视、会议、数据等多种业务网络。光纤网相当于高速公路，而各种业务网络就相当于路上行驶的各种类型的车辆，一个负责底层数据的传输，一个负责各种业务信号的组网传递。

电话网是用来承载话音业务的电信网络，通常包括本地电话网、长途电话网以及国际电话网。电话网一般采用电路交换方式，即电路连通后由用户独占，其网络利用率不高。电话网主要包括交换机、传输电路和用户终端等设备，它曾是世界上电信业务量最大、服务面最广的专业网络，也尝试过兼容其他许多非电话业务，向综合业务数字网、宽带综合业务数字网以及个人通信网的方向发展，期望能够向用户提供在任何地点、任何时间与任何个人进行通信的服务。但是随着人们信息交互的需求的改变，电话业务需求越来越少，数据业务需求越来越大，电话网逐渐成为人们沟通交流的保底手段。

有线电视（CATV）网是另一种普及率非常高的网络。它是采取光纤 + 同轴电缆的方式组建一个高效廉价的综合网络，具有频带宽、容量大、成本低等特点，一度普及千家万户。电视机早已成为我国家庭入户率最高的信息工具之一，CATV 网也成为最贴近家庭生活的多媒体网络。由于 CATV 采取单向广播式传输模式，其业务拓展能力受限制，尽管通过技术改造建立了宽带双向的多媒体通信网，但是在 IPTV 的视频点播、电视回放等功能的巨大冲击下，目前发展面临困境。

随着人们视频会议需求的不断增加，会议电视网应运而生。会议电视系统能实时传送会场的图像、声音以及会议资料图表等，使位于不同地方的参会者互相闻声见影，如同坐在同一个会议室中开会一样。会议电视利用一条信道将图像、语音、数据等信息进行融合传送，其可视化的会场效果能够接近现场会议的效果。通过会议电视系统召开会议更多时候用在公开正式的场合，如政府会议、行业会议、公司会议等，这种形式如果能够拓展到个人社交领域，就有点类似于元宇宙的雏形，但是会议电视系统难以呈现虚拟场景，因此难以在元宇宙中应用。

IP 网是由采用 IP 协议的所有计算机相互连接而成的网络。20 世纪 70 年代迅速发展起来，随着 TCP/IP 协议成为 IP 网上的标准协议，因特网（Internet）呈现出爆炸式的增长。目前的因特网是世界上最大的 IP 互联网络，截至 2020 年 6 月，用户数量超过 46 亿，互联的网络达到百万以上。采用 IP 网的好处是，各主机在 IP 网进行通信时，就好像在局域网上通信一样，无须了解各网络的互联细节，哪怕是从东半球至西半球的跨越大洋的通信一样灵活方便。

OTN 多业务光传送平台能够支持话音、图像、数据等各类信息的传递，元宇宙中海量虚拟世界数据的展现也包含了声音、视频、数据等各种形式。在实际传递中，通常会将虚拟世界中的各种信息统一封装为数据形式，选择数据信道进行传输，因此采取目前全球最主流的 IP 网进行传输就成为必然。

最后，终端接入，无线局域网（WLAN）与移动通信争论不休。目前我们用得最多的接入方式是 WLAN 和移动通信，尽管还有蓝牙、NFC（近距离无线通信）等，但那些仅是特定场景下的补充手段。

移动通信走过了模拟到数字的历程，又经历了 2G、3G、4G 直至

5G 网络时代已经到来，人们的生活正发生着巨大变革

千图网 / 供图

5G 的不断更新发展。2G 时代以数字语音传输为主，同时对空中数据接口进行了改造，初步具备了接入互联网的能力，但传输速率低、网络不稳定；3G 时代以数据传输为主，提高了频谱利用率，通信速率达到 500kb/s，播放高清视频比较吃力；4G 时代仍然以数据传输为主，通信速率进一步提升，达到下行 100Mb/s、上行 20Mb/s，能够流畅播放高清视频，缺点是覆盖范围有限、数据传输有延迟；5G 时代依然以数据传输为主，其速率更快、带宽更大、时延更低。目前的移动通信，2G 和 3G 逐步退网，4G 运行成熟，5G 蓬勃发展，6G 尚在研究。

WLAN 采用无线通信技术将各类终端设备互联起来，构成可以互相通信的网络体系，从而实现资源共享。它利用射频通信技术，使用电磁波取代缆线，从而使网络的构建和终端的移动更加灵活。目前使用最多的是 802.11n（第四代）和 802.11ac（第五代）标准，它们既可

以工作在 2.4 GHz 频段上也可以工作在 5 GHz 频段上，传输速率可达 600 Mbit/s（理论值）。WLAN 的接入方式很简单，只需一个无线接入设备——路由器、一台具备无线功能的计算机或终端（手机或 iPad）即可。

元宇宙中更适合采取哪种接入方式呢？如果以目前的 VR、AR 来考虑的话，其运行游戏时，主要的运算在终端设备上进行，需要传输的数据量不大，因此可以采取任意一种接入方式。在元宇宙中，高清、高速、低时延需求极其迫切，需要的运算量无比庞大，头戴式终端无法完成所有的运算，必须依赖云计算平台的支撑。同时，需要传输的数据量也会急剧增加。在元宇宙发展初期，采取 WLAN 和 5G 移动通信网络能够基本满足通信需求，在成熟期，必须采用更新的移动通信技术来支撑。

移动性也是接入方式的重要选项。目前的 VR、AR 采取 WLAN 接入更加合适，主要是因为 VR、AR 在使用时人本身的移动需求不大，甚至人要尽可能少移动，因为虚拟世界与现实世界完全不同，人在虚拟世界的移动与现实世界中的移动无法一一对应：虚拟世界中是一条宽阔的马路，现实世界中可能已经到达墙壁面前。在这种场景下运用，WLAN 覆盖范围不大而且完全免费显然更合适。但是，元宇宙与 VR、AR 是不同的，元宇宙中可以实现虚拟世界与现实世界的融合与统一，就极可能拓展出高速、远距离移动的需求，此时就需要下一代移动通信网络的支撑。

（二）下一代网络如何支撑元宇宙

元宇宙是在现实世界上构筑一个虚拟世界，虚拟世界缓缓降落在现实世界，二者渐渐融为一体。就像雪落在大地上，为大地铺满一层白色一样，雪与大地的融合依靠的是空间与位置，雪呈现出来的是大地植被、建筑的物理轮廓。虚拟与现实的融合依靠的是什么？看不见摸不着的虚拟世界怎样与现实世界融合？它们依靠的是网络，即现实的网络以及虚拟的网络。

首先，网系融合支撑成为必然。在元宇宙中，每个人都需要配戴VR设备吗？至少目前的虚拟现实是这样的。那么，元宇宙与现在的虚拟现实又有多大区别呢？未来的元宇宙必然是虚拟世界与现实世界的融合。有人配戴VR/AR设备遨游在虚拟世界与现实世界之间，也有人使用传统设备加入其中。比如，使用电视机观看元宇宙中的一场虚拟球赛，使用电话与虚拟人物聊天，利用微信、QQ与元宇宙中遨游的人互发祝福信息等。只有这样，虚拟世界才不会与真实的现实世界相割裂，二者才会真正融合成为元宇宙。

从多种通信网系、业务网系诞生之日起，网系融合一直都是个热门的话题。比如，电信网、广播电视网和互联网的"三网融合"，因三网技术功能趋于一致、业务范围趋于相同，意图通过技术改造，实现网络互联互通、资源共享，能为用户提供语音、数据和广播电视等多种服务。其根本目的是一网传输多类信息，节省基础设施建设成本，降低网络维护难度，减少维护人员工作量。

通过 3D、VR、AR 等技术呈现的沉浸式互动艺术展

中新图片 / 安源

元宇宙中的网系融合支撑与“三网融合”恰恰相反，其根本目的是元宇宙数据信息的拓展与覆盖，实现虚拟世界与现实世界的无缝交融。所以，元宇宙数据要能在现实世界中所有的通信网络中传输，要能在所有的通信节点进行交换，要能到达现实世界中几乎所有的终端设备，比如，手机、电脑、电视、车机甚至收音机。反过来说，几乎所有的用户都能利用不同的终端和网络进入元宇宙，与他人进行不同程度的互动交流。

作为虚拟现实的游戏，其规则可以由一家公司制定，但不要违反国家法律和公序良俗等。而元宇宙规则必然由全球共同制定，由多国政府、企业、组织共同参与规划论证。其中，与所有网系的融合支撑必然是规则中的重要一环。

元宇宙数据要具备广泛的环境适应性。就像水一样，常温下保持液态，可以流动；高温下变成水蒸气，可以飘浮；低温下变成固态，能够堆叠。元宇宙数据也要能够转换为语音，采用广播网进行单向传输，采用电话网进行双向传递;能够转换为视频，采用电视网进行直播，采用会议电视网进行双向互联；能够转换为数据，采用 IP 网络进行分组传输，采用专线网进行大容量交互。从而使所有的网系成为元宇宙的传输载体，所有的存储介质成为元宇宙的存储载体，这样才能保证元宇宙无处不在、无所不包。

其次，跨网系信息传输成为必需。在现实世界中，跨网系信息传输已经屡见不鲜了，例如，我们可以使用计算机拨通固定电话。计算机连接的网络是 IP 分组网络，通常采取光纤入户的接入方式；固定电话采取的是电路交换方式，通常由双绞线接入电话程控交换机。话音信息在电话网和数据网两个网络中进行传递，其形式经历了模拟话音、数字话音到数字数据的多次转换，实现了跨网系的信息传输，极大地方便了我们的生活。

在元宇宙中，跨网系信息传输是现实世界跨网信息传递的再次升级，参与的除了现实世界中的网络，还有虚拟世界中的各类网络，信息在虚拟与现实之间变换、转移，能够带来无比震撼的效果。例如，虚拟世界中的我们正在酒吧聚会，现实世界中的 A 拨通了虚拟世界中 B 的电话，聚会组织者 C 要求 B 停止接听电话，并将 B 的手机关机；A 通过酒吧的虚拟摄像头找到了聚会现场视频，通过控制现场音响对 B 喊话，将重要的信息传递给 B。在这个例子中，现实世界网络与虚拟世界网络相通，话音、视频、控制类信息在多个网系中接力传递，虚拟世界网络成为现实世界人们触摸、感知、认识、理解、控制虚拟世界的窗口。

元宇宙在构建之时，必须考虑好与现实世界的接口，必须确定好不同信息在不同网络之间传递的协议与规则，从而实现跨网系信息传递的高速率与低时延。

最后，信息节点运算锦上添花。元宇宙实现的是虚拟宇宙与现实宇宙的融合，需要极其庞大的运算能力才能实现，目前主要依赖于云计算的超强算力支撑，未来会一步步推动云计算、边缘计算、终端计算向更快更强发展。

现实世界中，人与人的交流除了信息的交换，还会产生许多其他反应，这些反应是因现实世界规则产生的。比如，如果两个人在安静的地铁车厢里大声聊天，会影响其他乘客，严重时甚至会引发乘客之间的争吵或发生肢体冲突。又如，我们在喧闹的大街上交谈，嘈杂的环境使我们不得不贴近耳语；我们在安静的室内学习时效率很高，如果窗外噪声不断则效率骤降。

现在的虚拟游戏或社交网络中，我们似乎都有了“千里传音”的神奇能力，无论在哪里交流都能异常清晰，甚至在降噪技术的支持下，在嘈杂的大街上与人通话就像在安静的房间里一样。虚拟世界的构建需要众多规则，目前的虚拟世界以游戏娱乐为主，为满足娱乐需求，其他规则基本上都被精简压缩了。虚拟世界的各类运算主要依赖主服务器，其场景运算简单，总体运算量不大，主要是为了兼顾游戏运行速度，无法进行实时海量运算。所以，目前的虚拟世界只是简单规则下的元宇宙雏形，与元宇宙还有较大差距。

元宇宙是利用最新信息技术对现实世界的升级、改进与融合，但同时也应保留许多现实世界中的基本规则。例如，当你靠近正在相互交谈的人的时候，能够听到他们交谈的内容；当你注视某个人的面孔的时候，能够发现对方的情绪的变化，进而猜测他们交谈的主题可能是什么；当你靠近某个坐在电视机前的人的时候，能够看到他正在观看的电视内容。在这些交互产生的影响中，有一部分由元宇宙的环境构建规则确定，在元宇宙云计算平台主服务器上进行运算；还有一部分应该依据信息传递规则来确定，在分布式信息节点上运算，从而产生相应的信息并传递给元宇宙的参与者。采取分布式运算的主要原因是元宇宙是一个宇宙，其总体运算量用“巨大”“庞大”“超大”等词语已经不足以形容，只有采取分布式运算才能实现。

信息节点包括用户所使用的终端设备、网络中的各级云服务器。终端设备接收并呈现他人活动对我们产生的影响，收集并上报我们的活动及可能产生的影响情况；网络中的各级云服务器实时运算区域内各类社交活动的相互作用，依据用户网络和终端类型，选择合适信道、数据方式将相互作用进行分发传递。

当参与的用户足够多时，计算量会急剧增加，需要超强的数据运算能力以及海量的云计算平台支撑。通过信息节点运算，虚拟世界与真实世界更加相近，人类对虚拟世界的不适感会逐步降低，沉浸感明显加强，最终推动虚拟世界与现实世界融合度一步步提高。

（三）下一代网络技术走向何方

元宇宙除了追求虚拟世界对现实世界的高度仿真，追求高分辨率和高刷新率外，还探索人类难以亲身体验的宇宙奥秘，因此虚拟世界向外扩张成为必然趋势。

首先，高速空间光通信技术触手可及。人类一直都有飞天的梦想，希望自己能够插上翅膀飞上蓝天。自从莱特兄弟发明了飞机，人类飞翔的梦想实现了，随着时代的进步，飞机已经成为最重要的交通工具之一。如今的人类还有更大的梦想，就是飞出地球，实现星际旅行，

浩瀚的银河系

中新图片 / 孔啸

到月球、火星甚至太阳系外看一看美丽的地球、浩瀚的银河系。现在，只有训练有素的宇航员能够乘坐宇宙飞船到达空间站，登上外太空对于普通人来说是可望而不可即的。而这一切，在元宇宙中有望被彻底改变。

利用卫星、空间站、宇宙飞船、星体探测器，可以实现对未知宇宙空间的声音、图片、视频等多种形式的信息采集。通过高速空间光通信技术，实现采集信息的实时回传，经融合处理后生成多维立体虚

《星球大战前传 3：西斯的复仇》电影宣传图片

中新图片 / lc

拟宇宙数据。在虚拟的宇宙世界里，我们可以自由翱翔，脚踏祥云，飞上月球去寻找嫦娥；飞到中国空间站的外边，通过舷窗与中国航天员打招呼；飞上火星去感受“星球大战”的战场。而这一切，都需要高速空间光通信技术的支撑。

高速空间光通信是利用激光无线传输原理，通过大气或者宇宙真空传送信号的无线光通信系统。高速空间光通信脱离了光纤的束缚，光通信的范围就由地球表面向空中、太空拓展，因此可以用于两个空中节点或者星际节点的信息传递。其设备基于激光的物理特性，不具备射频特性，无法截取信息，能够有效防止窃听。因为它在光谱的红外部分工作，信号没有侧瓣，用特殊设备不可能探测到相关信息。高速空间光通信具有高带宽、长距离等性能优点，目前的设备可以达到5万千米的传输距离和10Gb/s以上的传输带宽。未来将进一步拓展传输距离和传输带宽，从而支撑虚拟宇宙向更远的方向覆盖。

其次，6G——第六代移动通信技术蓄势待发。随着元宇宙的发展，虚拟世界越来越真实，数据量也越来越大，5G网络也将无法承载，而且目前5G对于偏远山区存在覆盖难题，未来6G将会逐步接棒。

2019年3月19日，美国联邦通信委员会（FCC）决定开放面向未来6G网络服务的太赫兹（THz）频谱，用于创新者开展6G技术试验。2019年11月3日，中国宣布成立国家6G技术研发推进工作组和总体专家组，标志着我国6G技术研发工作正式启动。

6G网络的最大创新就是集成地面无线通信与卫星通信，通过将卫星通信整合运用到6G移动通信中，实现全球移动通信信号的无缝覆盖。对于偏远的山区、乡村，移动通信覆盖成本太高、收益太低。通

元宇宙需要 6G 网络技术的支撑。只有 6G 网络的网速和传输能力才能为元宇宙提供实时交互、巨容量、全要素感知，让用户真正“身临其境”

中新图片 / 张亨伟

过卫星通信实现网络信号的大面积覆盖，让深山中的孩子也能接受最现代化的网络远程教育，深山中的农产品在网上直播销售。另外，在北斗卫星导航定位系统、通信卫星系统和6G地面网络的联动支撑下，地空全覆盖的网络还能帮助人类实现空中目标的移动通信，这在5G网络之前的网络中是不可想象的。相对于5G网络，6G网络通信技术不再是简单地追求网络容量和传输速率的突破，更是为了实现万物互联这个“终极目标”。

6G网络将使用太赫兹（THz）频段。太赫兹频段是指位于100GHz—10THz的频段，是一个频率比5G网络高出许多的频段。从第一代移动通信的0.9GHz到第四代移动通信的1.8GHZ以上频段，移动通信使用的无线电波的频率在不断升高。频率越高，通信可以获得的带宽范围就越大，单位时间内所能传递的数据量就越大，也就是我们平常感受到的网速变快了。

频段不断推高的另一个主要原因是，低频段的资源非常有限且越来越拥挤。就像一条公路，即使再宽阔，所容纳车辆的数量也是有限的。当车辆足够多时，路就会不够用，车辆就会阻塞、无法畅行，此时就需要考虑开发另一条路。频谱资源也是如此，随着用户数和智能设备数量的增加，有限的频谱带宽就需要服务更多的终端，这会导致每个终端的服务质量严重下降。而解决这一问题的可行方法便是开发新的通信频段，拓展通信带宽。

我国三大运营商的4G网络主力频段是1.8GHz—2.7GHz，而国际电信标准组织定义的5G网络的主流频段是3GHz—6GHz，属于毫米波频段。到了6G网络时代，将迈入频率更高的太赫兹频段，也将进入亚毫米波的频段。

随着移动通信技术的发展，载波频率越来越高，通信距离越来越近，终端设备距离基站也越来越近，因此需要的基站数量越来越多。6G 网络基站的密集程度将达到前所未有的水平，未来我们周围会充满 6G 网络小基站。这主要是因为基站的覆盖能力问题，即基站与终端间传输的信号的通信距离问题。影响通信距离的因素较多，包括信号频率、发送设备功率、天线高度、接收设备性能等。通信信号频率与波长成反比，频率越高、波长越短，则通信信号的绕射能力就越弱，损耗也就越大。6G 网络通信信号频率位于太赫兹级别，其通信能量很容易被空气中的水分子所吸收，通信距离远小于 5G 网络，所以 6G 网络需要更多基站来进行区域覆盖。

为了进一步扩充通信容量，6G 网络将使用空间复用技术，6G 网络基站将可同时接入数百个甚至数千个无线连接，其容量将可达到 5G 网络基站的 1000 倍。6G 网络所要使用的太赫兹频段频率资源丰富，系统容量巨大，但是同时也面临覆盖性能差和干扰严重的问题。

随着载波频率越来越高，超过 10GHz 之后，其典型的传播方式不再是传统的衍射传播。在城市中，终端设备与基站之间能够直接通视的情况极少，大多数情况下都有障碍物存在。当链路为非视距传播时，高频通信信号的主要传播方式变成反射和散射。同时，信号频率越高，传播损耗变大，覆盖距离变近，绕射能力变弱，这些都导致基站的覆盖能力变弱。在 5G 网络时代，处于毫米波段的 5G 信号覆盖已经遇到这类问题了，主要通过超大规模天线技术（Massive MIMO）和波束赋形技术来解决。

Massive MIMO 通过设计一个多天线阵列，增加发射天线和接收天线的数量，从而补偿高频路径上的损耗。在 MIMO 多副天线的配合下可以提高传输数据数量，这就是空间复用技术。基站向终端发送数据时，将高速率的数据流分割成多个低速率的子数据流，子数据流采用不同的发射天线进行发送，其发送频率可以相同。终端设备在接收并行的子数据流时，通过空间信道的不同，能够区分出不同的子数据流。因此，采用超大规模天线技术之后，不需额外占用带宽、消耗发射功率的情况下，增加了基站的接入容量，提高了移动通信速率。

在算法的加持下，多天线阵列发送信号能量会具备较强的方向性，从而实现不同用户采取不同的波束，互相干扰会比较小，但同时也与基站的全区域覆盖相矛盾。我们总希望基站信号能够实现 360 度无死角的全覆盖，同时又希望单个用户通信信号强度足够强、通信速率最高。要解决这个矛盾，必须依靠波束赋形技术。波束赋形技术通过复杂的算法对每个天线上的信号发送情况进行设计，从而实现对多天线叠加后的波束的管控，实现能量的定向发射，从而确保基站能够将每个用户从众多终端之中精准定位，为其提供精确的信号覆盖。相对于 5G 网络，6G 网络所处的频段更高，基站数目更多，需要更加先进的天线技术作支撑。

最后，算力网络已经启航。算力网络是利用云网融合技术将边缘计算节点、云计算节点以及含广域网在内的各类网络资源深度融合在一起，减少边缘计算节点的管控复杂程度，并通过集中控制或者分布式调度方法与云计算节点的计算和存储资源、广域网的网络资源进行协同，组成新一代信息基础设施，为客户提供包含计算、存储和连接的整体算力服务，并根据业务特性提供灵活、可调度的按需服务。[1]

元宇宙从诞生之日起，对计算与网络的迫切需求就一直陪着它成长，同时又制约着它的成熟发展。早在 2017 年，业内就开始研究实现网络和计算的融合。通过研究与实践，在 2020 年形成了产业算力网络共同愿景。算力网络意图将目前“带宽 + 机房”的服务提升到“联接 + 计算”服务。通过云数据中心、边缘计算、智能终端组成网络化算力新型基础设施。

算力网络将为元宇宙提供智能的运算与网络服务。网络的核心价值就是其承载的业务，电话网建立人与人之间沟通的桥梁，承载了话音通信服务；数据网连接了各类终端和服务器，将丰富的内容呈现在人们面前，承载了数字内容服务；未来面向虚实融合的元宇宙，算力网络将连接云、边、端，将海量数据传输到网络化算力基础设施，为元宇宙提供算力与网络支撑。

元宇宙的需求是无止境的，算力网络需要实现海量数据快速接入，需要宽带速率从千 M 到百 G、千 G，光通信和 IP 网要能够支撑百倍、千倍的容量提升，云节点能够通过中心 + 边缘分布式支撑百倍、千倍容量的增长，边缘计算能够分担数据中心和终端的算力增长不足。算力网络要连接云、边、端基础设施，采取云计算服务模式，构建专业化、弹性的算力资源池，支撑百倍、千倍增长的高速数据处理能力。算力网络要支持算网一体协同，能够感知具体算力业务需求，利用最优路

1 参见雷波等:《基于云、网、边融合的边缘计算新方案：算力网络》,《电信科学》2019 年第 9 期。

由实现从数据到算力的快速指配，实现物理网络与虚拟网络的统一管理，既能快速感知运算需求，又能实时感知资源现状，还能高效调度分配资源，最终达成网络与算力的高效协作。

2020 年，业界相继发布了系列研究成果。中国联通研究院在《算力网络架构与技术体系白皮书（2020 年）》中提到，目前软件定义网络（SDN）已经实现了云和网的拉通特别是专线等级的连接，网络功能虚拟化（NFV）实现了核心网功能的全面云化。但是目前 SDN 与 NFV 的部署一般相互独立，自成体系。结合 5G、泛在计算与 AI 的发展趋势，以算力网络为代表的云网融合 2.0 时代正快速到来。云网融合 2.0 是在云网融合 1.0 基础上，强调结合未来业务形态的变化，在云、网、芯三个层面持续推进研发，结合应用部署匹配计算、网络转发感知计算、芯片能力增强计算的要求，实现 SDN 和 NFV 的深度协同。中国联通研究院定义的算力网络体系架构是指在计算能力不断泛在化发展的基础上，通过网络手段将计算、存储等基础资源在云—边—端之间进行有效调配的方式，以提升业务服务质量和用户服务体验的计算与网络融合思路架构。

中国移动通信研究院在《泛在计算服务白皮书（2020 年）》中将“泛在计算”定义为“通过自动化、智能化调度，人们可在任何时间任何地点无感知地将计算（算力、存储、网络等）需求与云—边—端多级计算服务能力连接适配，通过多方算力贡献者和消费者共同参与，实现算力从产生、调度、交易到消费的闭环，实现算网一体、算随人选、算随人动的可信共享计算服务模式”，其具备算网融合、算随人选、算随人动和可信共享四个主要特征。

2021年11月2日，中国移动发布《中国移动算力网络白皮书》

中新图片 / 陈骥旻

中国电信提出“网络是边缘计算的核心能力之一”，建议以边缘计算为中心，重新审视和划分对应的网络基础设施，并将网络划分为边缘计算接入网络（ECA）、边缘计算内部网络（ECN）、边缘计算互联网络（ECI）。其中，算力网络是连接与计算深度融合的产物，通过成熟可靠、超大规模的网络控制面（分布式路由协议、集中式控制器等）实现计算、存储、传送资源的分发、关联、交易与调配。并将网络架构划分为“应用资源寻址”“算法资源寻址”“基础资源寻址”三层，实现多维度资源的关联、寻址、交易和调配等。

进入21世纪，科学技术的发展越来越快，摩尔定律已呈现出被“破防”的趋势。20世纪80年代，我们只能用书信保持联络；20世纪90年代，我们能够利用电话实现话音联络；2000年之后，我们能够利用手机实现短信、话音等随时随地的联络；2010年之后，我们可以实现视频联络；未来，下一代网络将带给我们无限可能，支撑元宇宙拓展出更多、更优秀的联络方式，我们可能在元宇宙中与恋人相互拥抱、感受对方的心跳，与朋友相约共赴一场球赛，与家人团聚共享一桌团年饭。在下一代网络技术为代表的新兴技术的支持下，元宇宙中的我们将被紧紧地联系在一起。

05

区块链，
让交往更安全。

如何真正理解元宇宙呢？以技术视角来看，元宇宙给我们展现了超越屏幕限制的3D界面，无论是其包含的区块链系统，还是显示系统、操作系统，最终所代表的都是继PC时代、移动时代之后的全息平台时代。

2020中国国际区块链技术与应用大会开幕式

中新图片/刘占昆

信息时代，信息技术市场正成为大国或大公司竞争的新战场，人们的隐私在交往中被窥探，让工作、生活变得缺乏安全感，人们需要打破信息垄断霸权。区块链的出现，让我们看到了未来交往变得更加安全可靠的希望。

提到区块链技术，人们可能首先想到比特币。而这种电子货币，引起普遍关注的原因就是它的价值。短短的10年时间，其价格最高时翻了几十万倍，是什么原因引起了这么大的变化？区块链和比特币的关系是什么？区块链技术究竟是什么，为什么能够引起这么广泛的关注？未来元宇宙时代，区块链价值如何体现，它将走向何方？

（一）人们眼中的区块链

人们对区块链的印象源于媒体相关报道。作为近几年比较热门的一项技术，它为什么会受到如此大的关注呢？

2018年5月，习近平总书记在中国科学院第十九次院士大会、中国工程院第十四次院士大会上的讲话中指出："以人工智能、量子信息、移动通信、物联网、区块链为代表的新一代信息技术加速突破应用。"区块链凭借其独有的信任建立机制，成为金融和科技深度融合的重要方向。

2019年10月24日，中共中央政治局就区块链技术发展现状和趋势进行了第十八次集体学习。习近平总书记在主持学习时强调，要把区块链作为核心技术自主创新的重要突破口，明确主攻方向，加大投入力度，着力攻克一批关键核心技术，加快推动区块链技术和产业创新发展。这使区块链技术一跃成为“自主创新重要的突破口”。

为什么会出现区块链？日常生活中，人们免不了要与他人进行交易，来获取所需的产品。在这个过程，就免不了与陌生人进行交易。为什么我们会承认一张人民币值 10 元或者 100 元呢？因为人们知道其背后是政府的信用。人民币的发行者是银行。

又如，我们发了年终奖或者突然有一大笔收入，首先想到的是要不要把钱存入银行，而不是存入一些利息更高的互联网借贷平台。为什么这样想呢？因为对于我们而言，银行比私人公司更值得信赖。

这也就是当前我们在与陌生人交易时，为了规避被骗的风险，解决市场经济生活中的信任的问题采取的主要方式——通过一个中心去建立和维护信任。

在日常交易中，只要交易双方都信任一个第三方机构，就可以通过这个第三方机构来解决交易双方之间的信用问题。

但是，一旦这个中心出现问题，信用体系将彻底崩塌，无法挽救。中心化信用体系不透明、缺少监管的现象时有发生，这些越来越明显的中心化信用体系问题，促使人们不断用新的方式来解决“信用问题”。

区块链究竟是什么？区块链这一概念最早是在 20 世纪 90 年代由“区块链之父”斯科特·斯托内塔（Scott Stornetta）和斯图尔特·哈勃（Stuart Haber）提出的。2008 年，中本聪在论文《比特币：一种点对点的电子现金系统》中，提出了基于区块链技术构建比特币系统的设计思路，并于 2009 年成功开发了比特币客户端 1.0 版。这也是区块链技术的第一次成功应用。

“比特币”概念由中本聪在 2008 年 11 月 1 日提出。图为中国香港一辆张贴比特币广告的电车

中新图片 / 张炜

从概念提出发展到今天，区块链已经融汇吸收了分布式架构、块链式数据验证与存储、点对点网络协议、加密算法、共识算法、身份认证、智能合约、云计算等多类技术，并在某些领域与大数据、物联网、人工智能等形成交集与合力，成为一种整体技术解决方案的总称。

区块链，即区块（交易活动）+ 链（账本）。从数据库的构成来看，它是一种分布式数据库，即先用一个个区块记录数据，再用一条条链把区块按照时间顺序连接起来，再应用密码学、公开数据记录和分布式计算等，设计出一种新型的数据库管理系统，最终保证数据的不被篡改和不可伪造等特性，并形成去中心化、去中介、去信任的共享账本，使系统成为能够安全存储那些简单的、有先后关系的、能在系统中自我验证的数据。

区块链是一种由多方共同维护，使用密码学保证传输和访问安全，能够实现数据一致存储、难以篡改、防止抵赖的记账技术，也称为分布式账本技术（Distributed Ledger Technology，DLT）。

随着密码学技术、分布式网络、共识算法以及硬件存储计算能力的飞速发展，通过技术手段实现多主体间共识机制建立的条件日趋成熟，由此产生了区块链技术。它重塑了人与人之间的信用关系，为人类社会信任管理领域提供了颠覆性的技术支撑。

区块链不是一项全新的技术，而是对现有技术的再次组合，其设计理念主要在于如何利用各项已有的技术达到交互过程去中心化，采用集体维护的方式建立一个去信任的可靠数据库，为解决数字时代网络信任问题提供一条全新的解决途径。

区块链是利用块链式数据结构来验证与存储数据，利用分布式节点共识算法来生成和更新数据，利用密码学的方式保证数据传输和访问的安全，利用由自动化脚本代码组成的智能合约来编程和操作数据的一种全新的分布式基础架构与计算范式。

从技术角度来看，区块链并不是一种单一的技术，而是多种技术整合的产物。传统的技术是以某一关键技术或某一中心技术为核心来支撑的技术体系架构。而区块链技术反其道而行之，其出发点是去中心化，所以这些组合在一起的技术的地位是平等的。通过这些技术相互关联来支撑它的集体维护，保障数据的可靠性，形成一种新的数据记录、存储和表达的方式。区块链技术的形成就像搭积木一样，已有的多种成熟的技术，为了具备“交易过程去中心化”的功能，以新的结构组合在一起，形成一种新的数据记录、存储和表达的方式。我们称这个组合为“区块链”。

从数据角度来看，区块链是一项针对数据而构建的技术，是一种不可篡改的分布式数据库。传统的数据体系是一种结构化体系，需要建立一个中心来维护。而区块链技术为了应对数据的膨胀性、离散性和多元性，采用一种分布式的储存结构。这里的“分布式”不是传统的把数据分到不同领域、不同位置，而是采用分布式记录方式，把完整的数据库，同时备份到各个不同节点上，每个节点上都有一套完整的数据库，即由每一个系统参与者共同维护，从而形成一种不可篡改的分布式数据库。

从应用效果角度来看，区块链作为一项应用型新技术，具有记录时间先后、不可篡改、可信任的数据库。区块链在具体应用时，首先，把数据分成不同的区块，每个区块通过特定的消息连接到上一个区块的后面，呈现一套完整的数据。每一个区块的块头包括一个签名区块的哈希值，即对前一个区块的块头进行哈希函数计算得到的值。其次，每一个区块都包含时间、地点、场合等信息，来保证区块里面交易的独一无二性，同时一旦交易开始，所有节点都可以对此进行确认和知晓，从而保证了区块上所有信息都是可以被节点确认的。最后，要保证多方独立复制存储，区块链系统的每一个节点都要存储同样的信息。即使少于 50% 的节点恶意作弊或者被黑客攻击，系统仍然能够正常运行。依靠共识机制，区块链保障了数据的不可篡改、不可伪造、完整性、连续性以及一致性等。

1. 区块链的发展历程。中本聪在《比特币：一种点对点的电子现金系统》一文中详细描述了如何创建一个去中心化的电子交易体系。这个体系不需要创建在交易双方相互信任的基础上，首次通过技术手段实现了交易主体间共识机制的建立，而区块链技术正是构成这种电子交易体系的基础技术。这也是区块链技术的第一次成功应用，并形成了自己的技术雏形。此后，区块链技术的发展分为三个阶段。

（1）区块链 1.0。这个阶段是以比特币为代表的数字货币应用，其场景包括支付、流通等货币职能。在这个阶段，每创造一个数字货币就要创造一条链。其主要的目的是创造一个区块链，形成共享账本。共享账本是交易记账由分布在不同地方的多个节点共同完成的，而且每一个节点记录的都是完整的账目，因此可以参与监督交易的合法性，同时可以共同为其作证。不同于传统的中心化记账方式，区块链没有任何一个节点可以单独记录账目，从而避免了单一记账人被控制或者受贿而记假账的可能性。

（2）区块链 2.0。这个阶段是以以太坊（Ethereum）的设计为目标，数字货币与智能合约（Smart Contracts）相结合，对金融领域更广泛的场景和流程进行优化的应用。以太坊是继比特币之后又一个开创性的区块链项目，于 2013 年末发布白皮书。以太坊开创性地将智能合约和区块链结合起来，在交易主体间建立共识机制的基础上，通过自动触发可执行的电子合约，解决了交易主体间履行承诺的问题，有效推动了区块链产业化应用的进一步发展。

（3）区块链 3.0。这个阶段是区块链技术突破金融领域、全面应用的阶段。近年来，区块链技术的不断发展和随之而来的数字货币热潮，引发了金融领域、产业经济、政府和公共组织、媒体舆论等的广泛关注，围绕区块链技术研究、产业化应用、政策监管等开展了广泛而有益的探索实践。但是，区块链技术应用的成熟尚需时日，它带来的多主体共识协同机制的思想，将对社会治理和商业运作产生深刻的影响。

2. 区块链之关键技术。区块链虽然在具体应用上各有不同，但其整体架构却存在共性，可划分为基础设施、基础组件、账本、共识、智能合约、接口、应用、操作运维和系统管理等 9 个部分，涉及分布式存储（数据存储）、链式结构（对等式网络）、共识机制、非对称加密（密码算法）、智能合约等关键技术。

（1）分布式存储。区块链数据的物理存储形式采用分布式数据存储模式，每个网络节点采用互为备份的方式存储数据。区块链在每次存储新数据时，均以之前已存储的加密数据为基础，结合新数据进行

区块链技术架构图

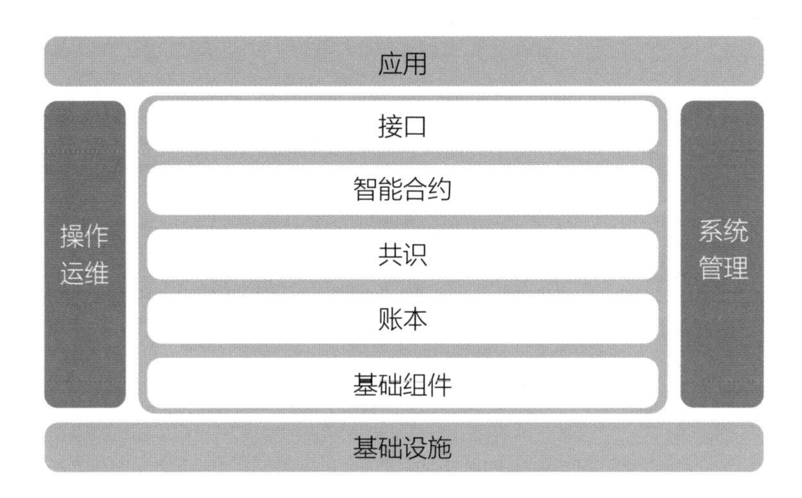

再次加密。区块链中存储的数据无法被篡改，所记录的数据及数据变化均可被追踪和查询。与集中式系统不同，区块链是通过构建分布式的存储体系和开源协议，让区块链上的所有节点都参与数据的存储和验证。实际上，每个区块链节点都有独立的、完整的数据存储，从而极大地提高了数据存储的可靠性。

（2）链式结构。指区块链的逻辑组织结构。在区块链中，数据以电子记录的形式存储在一个个区块中，每一个区块记录下它在被创建期间发生的所有价值交换活动。同时，在每一个区块中，专门留出一个字段来存储前一个区块头部的哈希值，使后一个区块能指向唯一的前一个区块。由此，从初始区块到当前区块前后顺序相连，形成了一条长链。顾名思义，区块链就是区块以链的方式组合在一起，形成的一种区块链数据库。

（3）共识机制。这是多方参与的节点在预设规则下，通过交互对某些数据、行为或流程达成一致的过程。区块链在确定将由谁来构造有效的区块时，需要通过某种协商机制，让网络中所有节点都能够达成一致的结论，即取得共识。工作量证明是区块链技术达成共识时最常用的方式，即只有在超过 50% 的节点同时被攻击的情形下，区块链里记录的数据才可能被篡改。即使存在足够多的节点，被篡改的状况基本也不可能发生。这既是一种认定手段，也是一种防止造假的手段。

（4）非对称加密。这是区块链采用的加密技术。非对称加密算法是指使用公私钥对数据存储和传输进行加密和解密。公钥可公开发布，用于发送方加密要发送的信息，私钥用于接收方解密收到的加密内容。公私钥计算时间较长，主要用于加密较少的数据。常用的非对称加密算法有 RSA 和 ECC。区块链正是使用非对称加密的公私钥来构建节点间信任。密码算法在区块链技术中处于基础性位置。通过使用适当的密码算法，区块链保证了数据和交易的安全性。

（5）智能合约。这是一种计算机协议，旨在把合约以数字的形式写入计算机可读代码中。一旦参与方达成了协定，计算机网络将自动执行智能合约设定的权利和义务。基于区块链中数据的不可篡改性，把智能合约写入区块链中，不仅保证了合约的真实性和过程的透明性、可被追踪性，而且实现了在没有第三方的情况下可进行的可信性交易。其优点是利用程序算法代替人仲裁和执行合同，能够高效地实时更新，同时合约能够得到准确执行，并且将人为干预的风险降至最低。

3. 区块链的技术特征。相对于传统的分布式数据库，区块链的技术特征包括去中心化、开放性、可靠性和不可篡改性、匿名性等，同时体现了以下几个特征。

（1）去中心化。区块链技术采用分布式的对等网络，在网络中任意节点的权利和义务均等。各个节点采用分布式共识机制来竞争记账权，因此任意节点宕机都不会导致网络崩溃，从而解决了中心化节点过度集中带来的不安全的问题。

（2）开放性。区块链技术采用开放式系统，整个系统中的信息是高度透明的。在设定的范围内，数据对所有系统使用者都是公开的，使用者可以通过给定的公开接口进入数据库读取或者记录、交换信息。

（3）可靠性和不可篡改性。在使用区块链技术系统的过程中，信息一旦经过验证添加到区块链中，就会被永久储存。只有全系统超过50%的节点被攻破，数据才有可能被篡改。极高的攻击成本，保证了数据的稳定性及可靠性。

（4）匿名性。区块链技术的程序规则会自动验证互通信息是否有效，同时节点间每次的信息传输都由全网节点共同记录监督，因此交易双方无须知晓对方真实身份甚至包括对方的信用，节点间的信息互通支持匿名交易。此外，交易数据还可以被加密，交易的私密性更加有保障。

区块链实现了从复式记账演进到分布式记账，从“增、删、改、查”变为“增、查”，从单方维护变成多方维护，从外挂合约发展为内置合约。

传统信息系统在记录账务信息时，通常是由每位会计单独记录，结果往往产生多个不同账本。区块链则解决了这一问题，将传统的多方复式记账变成了“全网共享”的分布式账本，其优点就是通过建立同步协调机制，使参与记账的各方能够相互印证，在避免多方对账过程中容易出错的同时，确保了数据的防篡改性和一致性。

相对于传统数据库“增加、删除、修改、查询”四个经典操作，区块链精简了操作，只保留了“增加、查询”两个操作，其凭证主要通过相应的时间戳进行固化，依靠区块和链表“块链式”结构，形成环环相扣、不可被篡改的可靠数据集合。

相对于传统的数据库，区块链采用的分布式数据库实现了从单方维护变成由多方共同维护。当数据需要进行写入和同步时，传统数据库中出现的由单个主体对数据记录具有高度控制权的情况将不存在，取而代之的是通过多方进行数据验证，在形成共识之后决定哪些数据可以被写入。

在合约业务流程上，区块链实现了从外到内的变革。相对于传统的财务资金流和商务信息流分开，即先通过商务合作签订合约，再经过人工审核、鉴定成果，最后通知财务进行汇款，形成相应的资金流。区块链所涉及的智能合约则是基于事先约定的规则，将财务与商务信息分别独立执行、协同写入，通过算法代码将信息流和资金流整合到一起。

区块链可以应用在哪些领域呢？区块链的去中心化特征以及新型信用体系的建立方式，使其能够在政务及公共服务、供应链、金融等领域得到广泛应用。

第一，用于政务及公共服务，使其效率不再低下。政务及公共

2020年互联网之光博览会区块链展台

中新图片 / 翟慧勇

服务在行业标准制定和有效监督管理方面效率往往不高，特别是对于通过立法和抽查进行监管的方式，很难做到实时监控，涉及仲裁时通常还需要漫长的取证过程。而区块链通过搭建包含政府监管机构、第三方公共服务机构的联盟链，探索创新管理机制，实现政务实时监管，并借助自身的不可篡改性、可追溯特性，可极大提高仲裁效率。

第二，用于合同及发票防伪。电子合同和电子发票的日益普及，为人们日常生活和商业活动带来便利的同时，又产生了合同造假、发票造假及重复报销等新问题。区块链技术应用为解决这些问题提供了保障，在开具电子合同、电子发票的同时，通过联盟链完成向监管部门的备案;在发生造假、重复报销等情况时，通过核对已备案电子合同、电子发票的区块链 ID（身份证），可以快速判定造假事实，确定造假主体，实现实时监管。

第三，用于公益项目追溯。对于捐赠者而言，其参与公益项目时希望能够及时了解捐赠物资的用途、去向等信息。采用区块链技术能够使公益项目变得更加阳光、透明和可追溯。对于捐赠者而言，可以及时查看这些物资的物流状态，及其如何经由物流体系配送到公益项目地，并由公益机构执行人员发放至受助人手中。由于从物资捐赠开始到配送，整个过程的信息包括参与者主体信息等均使用区块链技术，防止了篡改，确保了公益的透明性、可追溯性，极大增加了公益平台的权威性和可信度。

第四，用于供应链领域。未来企业市场范围越来越大，物流环节多区域、长时间跨度特征更加明显，而传统供应链中，由于参与主体多，运转环节多，大量交互协作信息离散保存，透明度难以保证；由于信息不流畅导致难以准确了解相关事项的实时状况及存在的问题，当各主体间出现纠纷时，举证和追责耗时费力，迫切需要提升智能高效的防伪追溯能力。区块链技术的出现为精准追溯提供了可能，通过将商品原材料、生产、流通、营销等过程信息进行整合并写入区块链，从而实现一物一码的全流程正品追溯。

在供应链管理过程中，通过提供完整的信息流、不可篡改的签名认证机制，实现去中心化或多中心化的精准追溯和充分信任。每一条信息都拥有自己的特有区块链 ID，而且每条信息都附有各主体的数字签名和时间戳，供消费者查询和校验。最终借助区块链技术，实现品牌商、渠道商、零售商、消费者、监管部门、第三方检测机构之间的信任共享，全面提升品牌、效率、体验、监管和供应链整体收益。

第五，用于金融领域，实现风险可控。区块链技术具有不可篡改、安全透明、去中心化或多中心化等特点，所以在开展贸易融资时，供货商、进货商、银行等贸易融资参与主体间可建立联盟链，通过区块链记录贸易主体资质、多频次交易信息、商品流转信息等，使贸易双方及银行间公开、透明、安全地共享真实可信的信息。利用区块链技术，在减少线下人工采集和确认信息真实性的工作量的同时，基于区块链提供的主体资质认证，能够在解决互信的基础上，通过构建扁平化的全球一体化清算体系，使金融领域在安全可控的同时，效率提高、成本降低。

在交易清结算时，通过区块链系统，可以改变传统交易清结算过程中交易双方分别记账的不足，特别是传统记账耗费大量人力物力，而且容易出现对账不一致等情况。通过共享一套可信、互认的账本，将交易双方或多方所有的交易清结算情况记录在区块链上，确保了账务的安全透明、不可篡改、可追溯。另外，如果建立了智能合约，还可以完成自动执行的交易清结算，从而大大降低对账人员成本和差错率。

第六，用于资产证券领域。在资产证券化方面，利用区块链技术，可以消除传统资产证券化需要结算机构、交易所和证券公司等多重协调造成的矛盾，利用搭载智能合约联盟链，自动实现多主体间的证券产品交易，确保消费金融服务公司底层资产数据的真实性、不可篡改性、可追溯性，从而在降低门槛和成本的同时，进行全生命周期管理，及时识别和管控风险。

第七，用于其他领域，给生活带来安全。除了供应链、金融、政务及公共服务领域外，区块链还可以应用在很多其他领域。

一是保险防欺诈。区块链依靠其共识机制、防篡改机制和可追溯机制，为保险代偿、追偿等提供了有效的证据支撑。生活中，我们可能会遇到车险理赔问题，由于涉及车主、维修厂、保险公司、交管部门等多个主体、多个环节，而监管不力造成理赔欺诈问题时常发生。有了区块链技术之后，可以在车辆上安装相应的传感记录设备，从而保证车辆行使等信息的真实性、准确性和不可篡改性。当车辆出险时，利用事故认证平台系统，就能够实时或准实时地获取车辆事故数据，而交警裁决数据、传感记录器数据、维修厂数据等都实时同步，从根本上解决了车险理赔欺诈问题。

二是大数据安全。区块链依靠其可追溯特性，确保了其获得的数据包括其数据产生过程、数据交换、数据计算以及数据使用等，在每一个阶段、每一个步骤都被及时记录，并保存在整个区块链上，既解决了大数据的安全性问题，也保证了大数据的隐私性，使获取的数据质量得到极大提升，在很大程度上保证了数据分析结果的正确性，从而为实现规范数据管理、追溯数据使用、保障数据使用安全、符合法规打下基础。

（二）元宇宙区块链之现实

元宇宙是数字宇宙，它的正常运转同样需要依靠一个完备的闭环金融体系和虚拟货币，而虚拟货币则需要由去中心化的区块链技术来保证其安全可靠地运转。正如人们所说的，区块链已经成为元宇宙的认证信任机制，但区块链如何合适地嵌入元宇宙，以去中心化机制达成去中心化结果，打破垄断和实现真正的全球交互，却是一大难题。

1. 有关元宇宙与区块链的项目。当我们谈论元宇宙时，不得不提及区块链。现实中，已经有许多厂家开始进行这一领域的布局，基于以太坊的虚拟世界 Decentraland 是世界上第一个建立在区块链和加密货币（Cryptocurrency）基础上的元宇宙项目，其呈现的内容涵盖从静态 3D 场景到交互系统，应有尽有，例如，游戏、赌场、艺术画廊以及用户可以想象到的任何东西。它与其他沉浸式游戏的不同之处在于，除了道路和广场之外的所有空间都可以由游戏用户购买、出售和开发。这些虚拟财产的所有权记录在区块链上，保证了交易的顺畅性和安全性。

目前，区块链与元宇宙之间的联系确实显得格外亲近，不管是加密货币、NFT，还是区块链游戏，都或多或少成为元宇宙的融合方式，尤其是 2021 年 NFT 带来的热潮，吹响了区块链出圈的号角，像 AxieInfinity 这样的游戏持续火爆（单月收入超 1 亿美元），推动了元宇宙与区块链结合的雏形的出现。

2. 影响元宇宙落地的重要因素。大众对元宇宙项目如何落地并不是十分关注。但对产业来说，这却是当前面临的十分现实而又必须解决的重要问题。其中，能够产生影响的重要因素涉及各种关系处理，如如何处理好中心化组织与去中心化组织的关系，如何解决元宇宙与现代国家之间存在的冲突，如何平衡现实货币与虚拟货币之间的关系等。

区块链技术、边缘计算技术和人工智能技术的突破将进一步发展去中心化，由此，元宇宙的经济蓬勃发展所需的被广泛认可和可共享的标准和协议有了现实基础；通过加密货币和 NFT，元宇宙能够提供数字所有权和可验证性，促进整个元宇宙体系的统一性以及虚拟经济系统的流动性。

3. 区块链技术支持元宇宙的结果。元宇宙的关键要素在于，不会出现行业巨头垄断情况，因为它需要成千上万的人共同构建，由此区

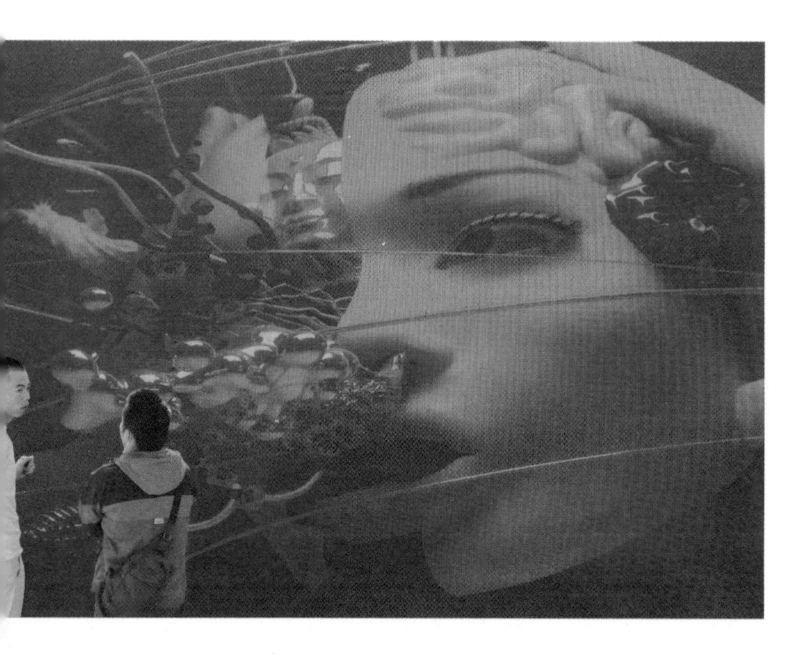

2021 年 5 月 9 日，在北京举行的《伟大的毕达哥拉斯——NFT 加密艺术展》

中新图片 / 侯宇

块链成为元宇宙实现的关键技术。有了区块链就能够保障用户虚拟资产、虚拟身份的安全，从而可以进行价值交换，并保障元宇宙的规则透明。

在区块链技术的支持下，通过开放、高效、可靠的去中心化金融系统，元宇宙将会加速构建。在区块链世界，人们通过密钥和智能合约，彻底掌控自己的资产，就不会再沦为传统互联网巨头们的提线木偶。

随着数字技术的发展，人类未来也许会完成从现实宇宙向元宇宙的数字化迁徙。如果元宇宙没有与区块链技术相结合，它可能一直是一种以游戏为载体的形态，而区块链技术的支持架起了虚拟世界和现实世界的桥梁，让元宇宙从虚拟世界变成“平行宇宙”。

5G、AI 和云计算技术能够解决底层架构、基础应用的问题，AR、VR 技术能够解决跨越鸿沟、通往元宇宙路径的问题，区块链技术能够解决“确权”的问题。

元宇宙可以不使用区块链技术吗？2020 年 4 月的《堡垒之夜》虚拟演唱会吸引了 1000 多万名玩家参加；Facebook 也推出了 VR 社交平台 Horizon，人们可以在其中创造世界，社交方式将不再局限于收发文字和语音……这些产品都具有元宇宙属性。如今，人们更看重的是资产所有权，不管是实物资产，还是虚拟资产，人们都希望能够完全控制自己的资产，而传统互联网巨头是垄断的，无法为人们提供这一便利。

然而，使用区块链技术的元宇宙真正地颠覆了这一现状。虽然没有人能够准确预测元宇宙会是什么样子，或者它的最终形式何时到来，但当我们关注虚拟现实等技术的发展时，区块链技术和加密货币领域的进步，将在塑造元宇宙的未来方面发挥同样重要的作用。

（三）区块链“元宇宙”之未来

区块链作为一个记录系统，能够以可靠、安全的方式记录各种交易信息，以及任何资产的所有权信息。这种以区块形式存储信息的数据库，对于一个没有权限的用户而言，通过分散的形式解决了其无法参与的问题。

万向区块链股份公司董事长兼总经理肖风曾在一场元宇宙产业论坛上表示，元宇宙将是去中心化的。元宇宙不是由任何一个平台或公司建立的，应该是分布式的、去中心的、自组织的。

人们普遍认为，元宇宙作为互联网公共空间，迫切需要行为规则，区块链技术可以提供去中心化的清结算平台和价值传递机制，保障元宇宙的价值归属与运转。5G 为元宇宙提供了通信基础；云计算为元宇宙提供了算力基础；脑机接口、VR/AR 等为元宇宙提供了真实的沉浸感；人工智能为元宇宙提供了内容生成逻辑；数字孪生为元宇宙提供了世界蓝图；区块链为元宇宙提供了认证、信任机制。这些技术创新逐渐聚合，发生质变，让曾经触不可及的元宇宙有了实现的可能。最终构成了一个体系，组合成一个世界。

区块链在元宇宙中有很多价值体现。在元宇宙中，经济系统将会成为其实现大规模持久运行的关键，而区块链技术由于其天然的“去中心化价值流转”特征将为元宇宙提供与网络虚拟空间无缝契合的支付和清结算系统。

区块链网络的公开透明特性，使智能合约具有自动化、可编程、公开透明、可验证等卓越特性，从而无须在第三方平台验证的前提下即可进行链上可信交互。如果将元宇宙中的金融系统构建于区块链之上，那么，可以利用智能合约的特性将契约以程序化、非托管、可验证、可追溯、可信任的方式进行去中心化运转，从而大幅度降低金融系统中可能存在的“寻租”、腐败和暗箱操作等有害行为，从而广泛应用于金融、社交、游戏等领域。

区块链为元宇宙带来安全感。当虚拟物品的市场规模成倍扩大，而且这种势头可能长期持续下去的时候，很多人都会为元宇宙能否带来安全感担心。比如，一些艺术、音乐、收藏品、可穿戴设备等，在重新包装为虚拟物品后售卖，甚至一件数字虚拟作品，也能够通过拍卖行以几千万美元的价格售出，人们的担心可能加剧。随着投资虚拟资产成为一种趋势，人们可能会意识到，用一个安全可靠的方法来存储、展示他们在元宇宙中的数字资产将必不可少。

元宇宙所依托的虚拟世界是现实世界的另一个版本。可以说，现实世界中的任何活动都能够通过数据的形式进行复制，之后在元宇宙中展现。因而，要实现真正沉浸的元宇宙，保证虚拟世界中数据的安全及可靠就显得尤为重要。

这些怎么才能实现呢？区块链将在元宇宙的稳定和安全方面扮演重要角色。

在稳定性方面，元宇宙空间依靠区块链，通过去中心化网络确保稳定。有研究表明，元宇宙是一个虚拟的 3D 环境，需要大量的数据支撑，包含许多能够存储大数据的服务器。在运转时，由于依靠中央服务器进行控制，会产生大量成本，会加剧负担。而利用区块链则可以减少集中管理大量数据产生的负担。对个人而言，利用区块链则可以防止一些大型科技公司垄断，从而避免当个人控制他想要使用或查看的元宇宙环境时受到限制。

在安全性方面，当元宇宙在未来变为各种应用时，如何进行个人信息的安全保护、防止外部攻击也将变得非常重要。由于利用了区块链，如果个人信息被错误地篡改，则可以通过清晰的路径进行管理和追踪。在未来的元宇宙，数据内容可能会被存储在区块链中，以便人们准确地了解和理解人工智能产生的数据，并在需要时了解其详细的历史记录。

区块链将为数据安全保驾护航。区块链在各种领域的应用日益广泛，许多设想正在实现，虽然还没到“准备就绪”的阶段，但是它在数据安全保护领域的发展一直在不断推进。

一是基于“去中心化”能力，加密安全通信。数据的价值在于不断流转和共享运用。尽管当前已经能够提供较为安全的数据环境，但是目前在信息通信领域，信息的传递是通过集中性管理点对点传输来完成的，这使攻击者拦截信息可以通过追踪信息传输的路径来实现，这就带来了一个信息安全问题。利用基于区块链技术构建的分散性通信网络，构建全新的网络通信架构。新的网络架构解除了对中心的需求，降低了传统网络安全风险。用户能从世界上任何地方无限制地、点对点地访问通信网络；数据信息存储在分布式网络上，分布式验证保证数据不被改变、删除或以任何方式篡改。分布式网络具有用户控制的记录存储能力，数据一旦被篡改将不被存储在任何服务器上；先进的加密技术保证了区块链系统是公开的，但其核验、发送等数据过程是保密的，保证每次会话、消息和文件都被高级加密。这样的架构不仅确保了数据的来源正确，也确保了数据在中间过程不被人拦截和篡改，降低了攻击者袭击的潜在安全风险，从根本上解决了信息传递的安全问题。

二是基于“认证”能力，完善数据用户管理。区块链在数字加密货币自身的认证问题中的原理，使区块链系统有较好的匿名性，可以有效地保护用户隐私信息及控制数据的使用权限。区块链对用户身份及证书信息进行管理，能够有效地解决证书透明度及单点故障的问题，并且能够有效降低中心公钥基础设施（PKI）建设的成本，实现用户身份的认证；系统内用户身份与区块链中的公钥（地址）唯一对应，通过公私钥解密和数字签名等手段构建身份认证体系，确保进入系统的

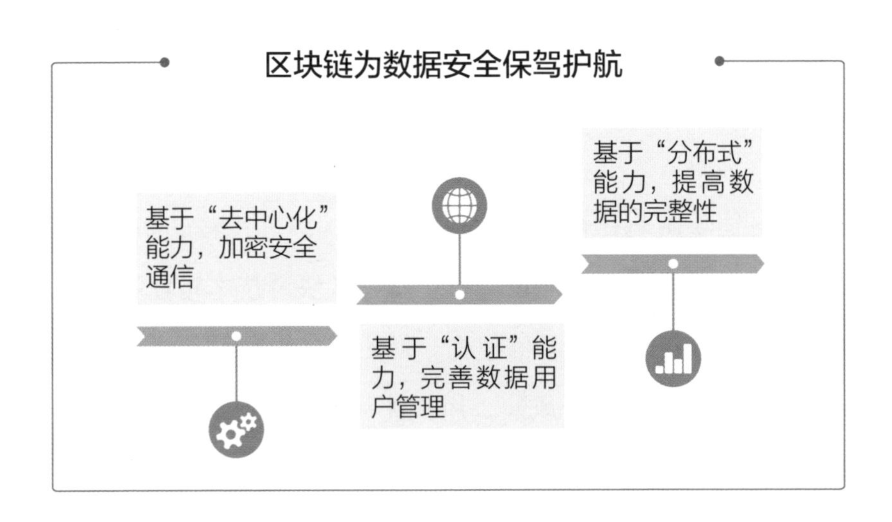

人员的身份真实性，并能够在保证用户身份不被公开的前提下，实现匿名认证。这种架构可以极大地减轻管理负担并降低隐私信息泄露的风险，对于保护用户身份信息及完善数据用户管理具有重要意义。

三是基于“分布式”能力，提高数据的完整性。区块链上记录的数据只增不减而且不可篡改，该特性可用于对数据使用全流程的监控，实现不可篡改的数据记录，用于日志审计、数据真实性保障等领域。在此基础上，基于区块链数据的管控方法，可支持数据问责和来源追踪；如将数据的控制策略写入智能合约，由合约自动完成对数据来源的追踪并对数据使用流程进行记录形成日志，可进一步增加数据使用和访问的透明度。区块链提供了一种新的机制来保护体系内的数据的完整性。在体系中，每个成员都是区块链中的一个节点。成员发送的信息都将在内部进行通信验证，通过一种去中心化、集体决策的方式来管理系统运行，并向体系的所有成员发送“全局知识”。这种机制帮助体系中的各个成员进行信息共享，同时保护系统自身免受网络攻击，进一步加强了数据的管理和防御系统的安全性。

元宇宙使生活体验得到升级。传播学大师麦克卢汉说过：媒介是人类感官的延伸。随着信息技术的迭代，我们的视觉、听觉、触觉、味觉、感觉将被逐渐数字化，信息的维度也在逐步增加，使数字内容不断逼近现实的感官体验，更具有真实沉浸感。随着信息体量和维度的增加（数据是新的生产要素），以及人们分析信息的工具越来越智能（AI是新的生产力），两者叠加将促进人们的决策更加精准，可预测性也会越来越高，可以更加高效地指导生产生活的方方面面。同时，人机交互从间接交互（主要通过按钮、鼠标、键盘等控制设备），到AR/

VR 媒介时代，我们可以通过手势、声音、体感（包括肢体运动、眼球动作和面部表情等）与机器进行更自然的直接交互。随着脑机接口技术的逐渐成熟，我们甚至可以直接用脑电波控制机器。总体而言，我们的体验会越来越好，也会越来越趋近真实。[1]

马斯克说，我们生活在真实世界的概率只有十亿分之一。虽然我们无法证明自己不是生活在“黑客帝国”之中，但我们可以再造一个“黑客帝国”。虽然大多数人无法决定自己的出身，但他可以戴上 VR 头盔甚至打开脑机接口，从而拥有一个完全属于自己的美丽新世界。也许到那个时候，物理世界已经不再是大多数人日常生活的主要空间，他们的心灵归宿存在于元宇宙中的平行时空。他们以虚拟偶像为身份象征，以数字资产为财富标准，以仿真世界为社交纽带。他们可以从事他们希望从事的任何职业，并从中找到自我实现与人生意义。在那里，即使一个现实世界中的平凡人，也可以如《失控玩家》的主人公一般创造出精彩绝伦的人生。

区块链是元宇宙中实现共同富裕的支柱。人们看好元宇宙，是因为很多人将元宇宙想象为没有剥削、没有压迫、平等自由的世界，通过元宇宙世界，大家能够实现共同富裕。对于这样一个理想王国和世界，我们关注的是它如何实现。这样的一个世界需要一种非中心化分布式的管理机制，管理权、决策权、控制权并不掌握在一个人或者少数人手中，每一个人都可以参与，共同决策。区块链技术就是这样一

1 参见杨燕：《元宇宙来袭的五个趋势》，《经济观察报》2021 年 11 月 12 日。

种关键技术。利用区块链技术，通过分布式的治理，对数字资产确权方面起的作用，可以帮助元宇宙实现价值流转，实现全新的信用机制、管理机制，推动实现每个人都参与自治的状态。区块链技术也是整个未来元宇宙平等、民主和自治的关键技术支撑。

06

应用引擎，
让产业创新更迅速

应用引擎犹如汽车的引擎，是应用系统的核心组件。

首先，利用应用引擎，应用开发者可以迅速开发出一个应用系统。网络应用涉及产业多、范围广，要求应用开发者熟悉所有行业的背景和操作流程极不现实。应用引擎聚焦产业应用的复杂过程和困难问题，为开发者提供相关产业的应用接口，降低开发难度，使开发者能够快速构建应用系统，加快产业应用部署速度。

其次，利用应用引擎，应用开发者可以应对快速的需求变化。技术的发展使产业更新的速度越来越快。传统产业开发一个应用系统可以持续使用 5 年、10 年，但现代企业的应用系统可能很快就被淘汰，因为它无法满足业务更新的需求。利用应用引擎能够减轻开发者的负担，应用开发者能够快速重构应用系统，以应对应用或流程的快速变化。

最后，利用应用引擎，能够获得专业平台的服务。应用引擎的开发商一般专注某些产业，具有较强的专业背景和技术实力，使用其提供的应用引擎能够获得快速开发服务和优质运行维护服务。

未来元宇宙的应用涉及各行各业，不仅是现实世界产业的数字化，还有许多新的数字产业，创造新的商业模式和新的市场。应用引擎能够加快元宇宙产业系统的开发和部署，使元宇宙的产业能够专注于产业创新和应用创新。

（一）从游戏引擎开始

游戏引擎是助力游戏开发的核心组件，它为游戏开发提供一系列可视化开发工具和可重用套件，使游戏开发人员更专注于游戏本身，而不是技术细节。元宇宙始于游戏。元宇宙强调虚拟空间的真实体验和沉浸交互，这与游戏不谋而合。正因如此，2021 年 3 月，被称为“元宇宙第一股”的美国游戏公司 Roblox 在纽约证券交易所上市，首日交易市值突破 400 亿美元，使元宇宙成为 2021 年最火爆的概念之一。但元宇宙游戏产业的发展离不开游戏引擎的开发，它是游戏发展的必然。

第一，游戏玩家的个性化游戏需求使游戏内容创作更加复杂且难以满足用户的需求。现在仍然拥有玩家的《俄罗斯方块》《街头霸王》，是 20 世纪 80 年代至 90 年代众多玩家的美好回忆。这些游戏没有复杂的玩法，也没有复杂的剧情，有的只是简单的手柄操控和过关体验带来的快感，却让那个缺少娱乐的时代充满了美好。随着计算机技术的发展，计算机开始进入寻常百姓家，电子游戏开始向网络游戏转变，游戏内容更加复杂，角色更加多样，还可以扮演不同角色与朋友一起玩。《魔兽争霸》《红色警戒》《半条命》成为 20 世纪 90 年代末网吧的主流游戏，与朋友一起玩游戏、共同成长成为当时最快乐的事。21 世纪初，互联网游戏迎来大爆发时代。互联网让游戏创作和推广变得更为简单，越来越多富有创意的人开始加入创作游戏的大军，也诞生了许多风格各异、流行甚广的游戏。例如，《梦幻西游》《泡泡糖》《愤怒的小鸟》《植物大战僵尸》等，它们内容并不复杂，但极富个性和创新。随着智能手机的兴起，手游成为移动时代游戏创作的主流，游戏玩家对游戏的创意要求更加苛刻，因而游戏的更新换代更加迅速，一款流行的游戏顶多几个月就被新游戏所替代。如果说 21 世纪之前的游戏以视听享受的娱乐游戏为主，21 世纪初的网络游戏则体现了游戏内容的

日本索尼公司和芬兰游戏开发商 Rovio 联合推出的《愤怒的小鸟》电影海报

中新图片 / 刘君凤

开放性、互动性和叙事性，更体现了游戏玩家的参与性和交互性，游戏玩家可以自己创建游戏内容和游戏玩法。

对于早期的游戏，游戏开发者可以单枪匹马地完成，而网络游戏时代的大型游戏开发，则需要游戏策划、美工、设计和程序员共同努力。元宇宙的出现让更多玩家从游戏使用者转变为游戏创作者，从消费者转变为生产者。进入21世纪，无论是生活还是工作，分工越来越精细，人们对个性化内容的要求也越来越高。游戏也不例外，独立于游戏玩家的创作越来越难以满足人们的个性化需要，也难以满足游戏玩家对内容越来越精细的追求。一些游戏运营商投入海量的智力和资本之后，游戏开发终于碰上了运营成本的壁垒，不得不另辟蹊径。游戏运营商开始致力于打造一个消费者和游戏开发者共同创作的深度合作平台，运营商负责制定愿景目标和故事概要，玩家可以根据自身的喜好设计和补充游戏故事情节。2020年7月，网易游戏开启了一个“创作热爱者计划”，开放游戏开发平台，游戏爱好者可以充分发挥自己的想象力，创建游戏内容。移动沙盒平台更是直接为中小游戏开发者提供游戏创作平台和内容托管服务，使更多游戏创作爱好者可以创建更多优秀的游戏。而游戏运营商也转型为平台运营服务商，成为游戏引擎服务商。

元宇宙不仅能够为游戏提供真实体验，也为个性化内容的创作和协同提供了新的机会。正如Roblox的CEO David Baszucki所说：“元宇宙是一个将所有人相互关联起来的3D虚拟世界，人们在元宇宙拥有自己的数字身份，可以在这个世界里尽情互动，并创造任何他们想要的东西。Roblox只是创造元宇宙的用户的‘牧羊人’，我们不制作也不控制任何内容。”Roblox 正是一个平均日活跃用户达 3260 万人的创作游戏社区平台，它既向用户提供游戏，也向用户提供游戏编辑平台，支持用户在线创作游戏。游戏玩家正是利用这些平台提供的游戏引擎完成游戏的开发和部署。

第二，游戏玩家的真实体验需求正在增加游戏创作的复杂性。20 世纪 80 年代，电子游戏机上的动画般的显示效果和丰富的声音效果给游戏玩家带来了视听享受。20 世纪 90 年代末，电子游戏机很快被抛弃，以角色扮演为主的电脑叙事游戏成为主流，人们开始更加注重视觉效果，3D 显示成为游戏的标配。《古墓丽影》的 3D 效果震撼了游戏玩家的心，以至于后来的游戏没有很好的 3D 效果都不敢上线。但到了 21 世纪，人们对游戏的追求不再仅仅是视听效果，而是需要更加真实的参与感。21 世纪初，索尼公司与任天堂公司开启游戏主机大战，微软公司异军突起，出现了 Xbox、PS2 这类以深度交互闻名于世的游戏主机。2000 年，索尼的 PS2 成为热门游戏主机，截至停产共销售了 1.5 亿台，其《侠盗猎车手》也成了当时最热门的游戏；2001 年微软发布 Xbox，当年销量突破 2000 万台，微软还推出了 Xbox Live 平台，帮助全球 Xbox 玩家互动。这两个平台最大的特点就是利用体感传感器感知游戏玩家的动作，实现玩家之间、玩家与主机之间的交互。升级后的 PlayStation 和 Xbox One 还以其独特的 3D 音效、光线追踪等技术，给用户带来更加不一样的沉浸式体验。同时，计算机平台创造类游戏给玩家带来更多的沉浸体验，游戏玩家可以在虚拟空间开启“第二人生”，2009 年诞生的高级沙盒游戏 *Minecraft*（《我的世界》），使游戏玩家更加喜欢以真实世界为参考创建虚拟世界。游戏不再仅仅是游戏，而是真实世界孕育的虚拟世界，是真实世界的数字化世界，我们与世界的交互也不再仅仅停留在鼠标、键盘上，而是需要以虚拟数字人参与虚拟世界的活动。沉浸式体验和真实体验反馈抬高了游戏开发的门槛。

正是个性化游戏内容和不断增长的体验需求，使游戏创作越来越复杂，游戏运营商不得不在游戏背后的技术问题上花更多的钱，于是游戏引擎诞生了。游戏引擎是一些已编写好的可编辑电脑游戏系统或者一些交互式实时图像应用程序的核心组件。它本身不是游戏，而是为游戏创作提供各种工具，可以使创作者专注于创作本身，避免技术因素限制游戏的创作。游戏创作过程中，利用游戏引擎就像堆积木一样，游戏开发人员不需要从零开始写代码，而是将不同组件组合起来，能很快完成游戏开发。世界知名的游戏引擎包括 Unreal 系列、Unity 系列、CryEngine 及部分游戏公司的自主研发引擎，如 EA 的寒霜、育碧的 Anvil、CDPR 的 REDengine、网易的 NeoX 和 Messiah、腾讯的 Quicksilver 等。但这些游戏引擎与元宇宙游戏引擎的需求还存在差距。元宇宙的游戏更加注重沉浸式体验和游戏内容的个性化体现，游戏玩家不再是鼠标键盘手，而是一个虚拟数字人，真正参与到游戏场景中，这对游戏引擎提出了更高的要求。

元宇宙的游戏引擎更需要具有跨平台能力。元宇宙就是游戏玩家的真实世界，不再有平台之分。游戏玩家所采用的终端也不再是某家游戏运营商独有，而是玩家所用的任何终端设备，它可能是手机、电脑，也可能是游戏运营商开发的专属游戏装备，但不是某平台或者某游戏的专属装备。在元宇宙中，无论是微软的 Xbox 装备和游戏，还是PS2装备和游戏，它们都共同成长，相互通用，也可以通过拥有的任何公司的游戏装备玩平台上任意一款游戏。元宇宙模糊了游戏平台之间的界限，要求游戏引擎真正具有跨平台的能力。无论是手机、游戏机还是电脑，都可以成为元宇宙空间的游戏通用装备；无论你使用的是Windows、Linux、Android还是IOS系统，元宇宙对你都没有限制。Unity游戏引擎正是跨平台的游戏引擎之一，不仅兼容目前的iOS/Android，还支持Windows、Linux和macOS等平台，可以让游戏开发者轻松创建交互式3D图像，提供可视化游戏开发环境，支持跨平台游戏。《王者荣耀》《炉石传说》等是其代表作。元宇宙作为下一代互联网，更具有开放性，需要大量游戏开发者共同创作游戏，使更多游戏玩家使用不同装备共同游戏。这要求游戏引擎能够提供跨平台能力，使游戏开发者轻松开发出游戏玩家可获得真实体验的元宇宙游戏，无须考虑游戏终端和游戏运行的平台。

元宇宙游戏引擎更强调真实反馈。传统游戏更强调视听效果，以此让人获得真实体验，因此更注重效果渲染。尽管它们也试图模拟与现实世界相同的效果，增强用户的真实体验，但这不是游戏开发的核心要素。元宇宙更强调沉浸式体验，注重交互体验，因此对游戏引擎的真实世界模拟和效果反馈提出了更高的要求。当前的很多游戏引擎已经集成了物理引擎，以牛顿定律为核心，对游戏中物体的质量、速度、摩擦力和空气阻力等进行模拟计算，获得与真实世界中尽可能相同的效果，玩家玩游戏时也可以获得与真实世界相同或相近的反馈。在元宇宙游戏中，人、物、景等都是真实世界通过数字孪生技术克隆或延伸出来的。人通过数字孪生技术变身为虚拟数字人活动在元宇宙

腾讯手机游戏《王者荣耀》是Unity游戏引擎的代表作。图为2020年中国国际数码互动娱乐展览上的《王者荣耀》展台

中新图片 / 陈玉宇

中，在元宇宙中获得的反馈与在真实世界获得的反馈应是相同的。但人可以在游戏中体验到物理世界中不能体验的情景，并带着这些体验回到物理世界，还可以重新思考游戏面临的情节和问题。因此，元宇宙的游戏引擎更要强调沉浸式体验和真实的反馈。目前，主流的游戏引擎 Unity 和 Unreal 都开始注重在游戏引擎集成高端沉浸式体验和真实效果反馈，但与未来元宇宙的需求仍然存在差距。目前，正在崛起的云游戏引擎平台，正在为未来元宇宙的游戏开发储存能量。例如，谷歌的 Stdia，亚马逊的 Luna，英伟达的 Geforce Now 等，都是云游戏平台引擎，目前这些平台强调 4K 显示、音响效果等，强调实时的视听效果，但与元宇宙要求的交互式、沉浸式体验之间还存在较大差距。

元宇宙游戏引擎更需要突破硬件限制。元宇宙游戏强调沉浸式体验，对网络带宽、显卡性能和计算能力等都带来了极大挑战。特别是渲染和物理模拟，都离不开海量数据交互和大量计算能力的支撑。传统的本地游戏效果受限于本地游戏平台的性能，而网络游戏受限于带宽和运营商的后端计算处理平台。在元宇宙中，游戏玩家进入一个虚拟空间，与世界交互，这对带宽、计算和显示等都提出了更高的要求。如果没有游戏引擎突破这些硬件限制，游戏创作者的内容创作将受到硬件的限制，既不能充分发挥创作想象，也不能充分体现创作内容的细节。例如，《荒野大镖客 2》《赛博朋克 2077》等游戏带来的沉浸式体验，尽管离全感知沉浸式体验还有距离，但已经是通向未来的雏形了。这些沉浸式体验是硬件和软件性能多年累积的结果，也是游戏引擎根据硬件和软件技术升级不断优化的结果。因此，元宇宙中的游戏引擎更需要充分发挥新硬件、新技术优势，随时进行优化，充分发挥硬件、软件的优异性能，以获得更真实的体验和反馈。

元宇宙游戏引擎要更具有交互性和灵活性。元宇宙中的游戏在未来不仅仅是娱乐，还可能是教育、训练或仿真软件，游戏创作内容更加广泛，参与创作的人也更多。参与创作的人可能是一个孩子，也可能是阅历丰富的退休老人等，他们有的想将自己对未来的想象、对生活的体验以及自己的研究创作出来。他们中的很多人对于硬件和技术可能一知半解，甚至根本不了解，也不太可能聘请大量的技术专家协助创作。而且，他们的创意也无法获得投资者的认可，只能依赖游戏引擎提供的便捷交互操作来创作。这要求游戏引擎极具交互性和灵活性，才能满足大量的个性化创作。另外，元宇宙中的游戏要对玩家的输入进行实时反馈，因此游戏引擎需要增加对交互能力的支持，保证

《赛博朋克 2077》为人们提供了参与人工智能进化的机会，并以此向玩家传达关于人工智能的思考

《赛博朋克 2077》截图

每个玩家都能获得很好的交互体验。

元宇宙的游戏引擎是元宇宙的游戏产业支撑，引领游戏产业的快速创新和快速应用，也是元宇宙应用引擎的典型。

（二）元宇宙中的应用引擎开发目标

像游戏引擎一样，应用引擎并不是某一应用本身，而是加速应用创新和应用部署过程的一系列中间组件。元宇宙的应用程序的开发涉及硬件异构、部署复杂、应用架构等诸多问题，即使是技术大师也面临着很多未曾学习或接触的技术门槛限制。

1. 该用谁的计算资源。元宇宙的应用在虚拟空间成长壮大，所需的计算资源不再依赖于某一中心服务，而是来自云计算。云计算就是将计算资源整合后，根据用户需求提供不同的计算资源。云计算让元宇宙应用开发者不用考虑是在英特尔公司的处理器上作并行计算，还是在 AMD 公司的 CPU 上作并行计算，也不用考虑应用需要多少个 CPU 和 GPU 提供计算资源。他们唯一要考虑的是应该将应用委托给谁来完成计算资源的请求，最后到底是亚马逊云还是阿里云，或者其他云帮助完成应用计算，应用开发者都不需要考虑。在元宇宙中，应用程序开发者从来不为计算资源发愁，计算资源取之不尽、用之不竭，因为后端可以根据当前应用情况动态扩展计算资源，所有应用也会根据需求被分配相应的计算资源。利用云计算，元宇宙所有的应用不再需要自己建立计算中心，开发一款大型游戏也不再需要花一大笔钱购买高级图形服务器，更不用害怕某平台服务器坏了或者聘请很多运行维护人员。云计算让元宇宙的应用引擎开发变得更可靠、更具性价比、更易扩展等，应用引擎将在云平台引擎上工作，将是一个“云上云”。

2. 数据从哪来、到哪去。元宇宙既是现实宇宙的数字化，也是人们想象的数字化，既体现了虚拟空间与物理世界的相融，又体现了人们思想的创造性。随着元宇宙中的游戏、沉浸式体验的增强现实、高清（4K、8K）直播等创新应用实施，数据规模将越来越大。据国际数据公司（IDC）的预测，2025 年，世界将被大数据所淹没，全球数据从 2018 年的 33ZB 增加到 2025 年的 175ZB，届时数据将由商业数据向生活数据转变，其中 20% 的数据影响着人们的生活，人们平均每 18 秒就会与网络交互一次，其中近 30% 的数据为实时数据。这些数据来自哪里？据预测，2025 年这些数据产生的主体将由个人消费者变为企业，企业将产生数据总量的 60%，另外的数据来自个人端的 PC、手机、照相机、智能汽车等。但无论如何，庞大的数据量对于终端用户和企业来说既是财富也是负担。特别是对于企业来说，如何从海量数据中分析出有价值的信息，对于确定公司的发展方向与方针有至关重要的作用。但如果海量数据由企业自身保存，就会随着数据总量的不断增长给公司带来极大的资金和运行维护负担。因此，基于云服务的存储策略提供了解决方案。由实力雄厚的科技公司建立数据中心，提供数据存储服务，而企业或单个用户仅仅需要购买存储服务，利用互联网接口随时随地就能将数据存储到数据中心，而且能随时读取。但目前的互联网存储服务仍然存在延迟高、不安全等问题，在未来元宇宙中，相信这些问题都将用云存储来解决。

3. 应用该如何组织。应用是元宇宙的核心，但应用往往是复杂的、变化的和难以控制的，往往随着业务需求、公司目标和管理变化而动态地调整和扩展。比如，也许早期只是一家很小的初创公司，业务单一，一个很小的单机版或者 WEB 应用系统就能满足要求，但随着公司业务的扩展，就需要增强新的功能，优化业务流程。随着时间推移，业务越来越多，应用系统变得越来越复杂，最终业务开始向外扩展。总之，这个应用系统是所有业务和管理的中心，需要大量人员开发、运行维护和优化。这并不适合元宇宙时代，在那个时代，一个企业的规模是有限的，它不大但很高效。这时，如何让元宇宙的每个应用都成为一个可扩展、可调整、高性能的应用系统，将是最大的挑战。在开始之前，就需要考虑应该如何组织应用系统，需要将核心的业务逻辑与技术细节分离和解耦。例如，在早期业务单一时，可能只需要一台服务器，将数据、业务和表现等逻辑层进行分离，就可以满足应用要求。但如果增加新的业务或调整业务时，就会发现组织应用系统异常麻烦，不仅需要增加业务代码，还需要对原来的业务代码进行修改，以适应业务逻辑调整的需要，应用系统重新部署时，服务还要暂停，重新部署完成后才能再使用。很明显，过去依靠购买应用系统的方法很难适应企业的业务拓展需求，而自己开发又受公司规模和技术等方面的限制。因此，一个新的应用系统组织架构模式出现，即微服务架构。微服务架构可以根据业务构建独立的单应用服务模式，应用服务之间通过轻量级机制通信，完成传统应用系统的服务。这样，业务扩展只需要通过增加应用微服务，并根据业务需求将不同服务利用通信机制快速重组，对于整个应用来说，不同的微服务即使采用不同的编程语言也没关系，其他人实现的微服务功能也能够得到很好的重用，不同微服务之间可以通过通信机制快速重构一个新的应用。当然这种方法也存在一些缺陷，例如，大量通信增强应用系统的复杂性，增加通信延迟。另外，微服务的粒度难以量化，因此存在粒度太粗达不到效果或太细导致应用越大越混乱的情况。

元宇宙的应用引擎是运行在元宇宙网络上的分布式应用引擎。它能够充分利用网络上的算力和存储空间，可快速设计并部署分布式架构。它是高度可靠、可扩展、可重用、灵活快捷的应用中间件，能辅助开发者快速开发和部署，使开发人员专注于业务处理，而不被元宇宙中的技术细节所阻碍。相较于传统应用引擎，未来元宇宙的应用引擎还应具有以下几个特点。

1. 无处不在的接入。元宇宙的沉浸式体验能带来较高的视频质量和图像渲染需求，必须有大带宽低时延的无线网络支撑，因此未来的网络至少以目前 5G、千兆带宽和 Wi−Fi6 为基础，才能满足元宇宙的沉浸式体验要求。不仅如此，元宇宙还有更广泛的应用。例如，今天某人居家办公，他以虚拟数字人进入自己办公室，打开自己的电脑，开始了一天的办公。或者某人下班回家前，以虚拟数字人进入家中，打开空调、用厨房的电饭煲等开始提前煮饭，当他真正回到家中时，就可以感觉到浓浓的暖意、闻到饭香了。这些应用要求元宇宙时代所有的设备都连接在一起，物理世界中的事物都会被数字化、网络化和智能化。因此，元宇宙的应用引擎应能够支持无处不在的接入，根据需求构建不同的应用生态，应用开发者不再需要考虑这些复杂的网络切换和不同网络系统的接入方式。这种无处不在的连接支撑着元宇宙的应用创新，任何企业或个人都可以实现超越手机所提供的始终在线的能力，提高工作效率和企业生产力。根据无处不在的网络连接，不同的物联网、传感器可以提供关键的实时数据，通过数据驱动获得实时信息和反馈，像自动驾驶、沉浸式体验的游戏一样，应用系统不仅可以获得数据，还可以通过算法等获得自主智能和真实效果反馈等。

2. 统一的身份认证。作为元宇宙的原住民，每个人都将拥有一个合法身份，他们不需要在不同的应用上注册自己的身份信息，也不需要一次又一次地将自己的个人信息在不同的网站上填写，更不会被某些无良商人一次又一次地出卖个人信息。元宇宙空间实现用户的集中管理、认证、应用授权和权限管理等，即用户一次登录，通过授权获得对不同应用系统的访问，应用授权通过权限管理策略控制用户访问的权限，用户涉及隐私的基础信息都集中在统一身份认证平台，而不会让授权的商家获知。同时，没有获得授权的用户也无法访问任何应用系统。目前虽然也存在一些统一授权平台，但很难实现一网认证、全网通用，只有一些企业或学校等实现了统一身份认证，对于跨领域跨应用的授权仍然存在诸多问题。在元宇宙中，应用引擎须支持统一身份认证，以保证元宇宙授权的一致性。这主要体现在两个方面：一方面是支持第三方授权使用自己的应用；另一方面支持在元宇宙中以统一授权方式访问不同应用。如果是企业或组织开发的第三方授权平台，也应开放接口，能够被其他应用或者用户支持访问，既支持应用系统内部服务授权，也支持不同应用之间的授权。应用引擎支持统一身份认证对元宇宙的消费和创作等多个消费级应用都会带来影响。

3. 真实体验与反馈。与元宇宙的交互不仅仅是点击鼠标和敲击键盘，每个使用元宇宙的用户可能都有一个真实的虚拟数字人存在于元宇宙中，现实中的自己通过脑机接口、VR 或 AR 装备与元宇宙中的自己交互。元宇宙中的虚拟数字人就是现实自己的克隆，也许与现实中自己的智能差距还很大，但是能够通过虚拟数字人体验元宇宙中的游戏、娱乐、社交所带来的快感，也能利用元宇宙中的教育等应用学习知识等，物理世界中碳基生命体的声音、表情、动作也会直接连接到元宇宙中，在应用中得到体现。因此，为了减少元宇宙应用创新的技术障碍，应用引擎开发应支持虚拟数字人的个性化访问。而虚拟数字人的创建和访问策略应该像统一身份认证一样，由第三方平台统一开发应用引擎，提供访问策略。人类在这方面的探索从未停止。从 2001 年电影《指环王》中的角色咕噜、2007 年日本二次元的“初音未来”，

日本动漫虚拟偶像“初音未来”

中新图片 / 何光

到2018年的“AI合成主播”等，虚拟数字人形象越来越逼真，情感及沟通能力正在逐步增强。在元宇宙中，无须每个应用系统都自己开发建立虚拟数字人体验和反馈机制，而是由第三方平台开发应用引擎并提供服务，应用开发者可以直接将其整合进入自身的应用系统中，就像在文档中插入图片一样简单，使应用系统拥有真实体验和反馈服务。

4. 支持高并发访问。限制元宇宙应用的仍然是支持高并发访问的网络和算力。飞行模拟类游戏《微软飞行模拟器》创造了一个与现实相似的环境，对真实事物及环境进行高质量扫描，模拟了2万亿棵树木、15亿栋建筑，甚至包括全球的每一条道路、山脉、湖泊、城市和机场，这产生的数据量达到2.5PB，即大约需要2500多块目前消费级的1T硬盘才能装下。即使能装下这么多数据，要完成模拟器的实时计算和并发访问仍然存在诸多难题。在玩基于模拟器产生的游戏时，高端玩家在网络存在超过50毫秒的延迟时会感到不耐烦，而普通用户在延迟达到110毫秒时也会感到心焦，如果延迟超过150毫秒，游戏玩家数量会迅速减少。但是全球不同城市之间的交付延迟约为100—200毫秒，这将极大地限制网络应用的受欢迎程度。尽管5G网络会带来更低的延迟，但离元宇宙的网络需求还有较大差距。算力也面临着同样的问题。直到2015年，服务器硬件实时运算和信息同步能力才能支持100名真实玩家的游戏，有时为了增加玩家互动，人数不得不减少到50人。在著名的“吃鸡”游戏《绝地求生》中，最多支持1070万人同时在线，而且需要将这1000多万人分成不同的百人组才能确保游戏正常。当然，这些问题正在解决，有的通过降低显示效果、视频质量等方式，以保证大量用户获得低延迟服务。在元宇宙中，这些问题将更加明显，AR、VR 的渲染和视频图像数据都需要极高的算力和网络并发能力。2020 年 12 月，致力于开发创新型网络直播工具的科技公司 Genvid 举行的一次大规模互动现场活动（MILE），在某一时刻就耗尽了亚马逊云上的 GPU 服务。对算力的永不满足，以及未来提供尽可能满足用户需求的服务，目前提出了“去中心化计算”概念，不仅利用数据计算中心提供的算力，还利用消费者闲置的智能设备以提供更接近用户的算力。但无论未来的网络和计算技术如何发展，这些基础能力都需要由应用引擎提供，以去除网络、计算带来的技术障碍，使不同的应用根据实际需求既可以获得足够的网络带宽和算力，又不浪费元宇宙中这些宝贵的网络和算力资源。高并发访问涉及硬件异构和平台异构等多种复杂问题，利用应用引擎可以减少应用系统开发的技术阻力。

5. 永不停止的服务。元宇宙的应用都要有支持故障恢复、断点重传、网络自主连接等功能，提供各种容错容灾保障，为应用提供 24 小时在线服务。因此，每个应用都具有能及时发现故障并自主迁移和恢复的能力，在网络出现故障时能自主重新连接，并续传数据内容。每个应用都需要这些功能，但无须每个应用都自己开发一套保证服务质量的后端支持系统，而只需要通过应用引擎提供给应用开发者直接使用。这既减轻了开发负担，也提供了统一的管理方式和相同的管理质量，保证每个应用都能获得相同的优质服务。目前的云平台、手机移动应用商店都提供了一整套属于自己的质量保证服务，元宇宙中的这种服务将进一步弱化平台和服务商的差异。

6. 支持 Serverless（无服务器）架构的快速开发。Serverless 并不是不需要服务器，而是让应用开发者不需要过多考虑服务器的状态和维护，只需要依赖应用引擎提供的各类服务接口和通信方式访问元宇宙中的各类服务。目前，Serverless 服务主要通过后端即服务（BaaS）或功能即服务（FaaS）实现。应用开发者只需要开发业务逻辑，利用应用引擎开发者提供的服务实现应用系统。后端即服务主要为应用开发者提供数据访问、身份验证、授权管理等服务状态访问解决方案，而功能即服务更接近元宇宙应用的彻底解决方案，由应用引擎提供者提供函数功能模块，应用系统开发人员根据业务逻辑选择适当时机触发模块的调用。Serverless 架构也有自身的缺点，对于高并发应用，由于要瞬时创建并销毁大量进程，例如，淘宝在高峰时段每秒要处理 8 万多笔交易，这意味着每秒 8 万多个进程被创建和销毁，这会造成巨大的系统开销。可见，Serverless 并不是元宇宙的终极解决方案，但这种架构适应元宇宙未来应用快速创新的需要，具有能快速开发、快速上线、扩展性好、成本低等优势，是一种很好的解决方案，未来随着技术进步和需求驱动，相信会有更优秀的方案来优化甚至代替它。但无论哪种方案，应用引擎应提供应用架构的基础服务，支持上层应用的快速开发和部署都是元宇宙应用开发的必然趋势。

（三）元宇宙与应用引擎开发的现状

尽管当前的互联网离真正的元宇宙还有一定距离，但是不同的云应用引擎正在被快速开发，以提升互联网应用开发的速度，甚至一些公司正在打造基于元宇宙的应用引擎。

AWS Lambda 是一项无服务器（Serverless）事件驱动型计算服务，用户不需要管理任何基础服务器或软件，就可运行各种常规语言编写的代码，并根据代码量的大小自动响应服务计算，用户只需要按照使用时间付费。其服务器等资源的管理、系统的运维、安全保证等机制都由 Lambda 自主完成，并可辅助完成 WEB 请示、数据对象存储和数据关系的创建与维护等。AWS Lambda 将复杂的管理事务交给了亚马逊云端，让应用开发者只需要关注业务应用，利用 Lambda 提供的权限机制和访问接口，按需使用后端的计算资源、数据存储和其他管理服务。这是支持未来元宇宙的应用开发的一种典型策略，由专业大厂提供云应用引擎，使用者只需通过接口就可以拥有访问功能、获得计算和存储资源、得到优质运维服务等。未来这类应用引擎将会越来越多，涉及范围也会越来越宽泛，基于平台、基础设施的服务正在向领域细分深耕，各行各业的应用开发者正从对应用系统的开发转向对应用引擎的开发。

初创 *Roblox* 是为孩子们提供发挥想象力的游戏平台，由这些低龄玩家自创游戏，包括射击、模拟建造、益智竞速等。Roblox 不制作任何游戏内容，只提供编辑工具和素材，让玩家自由创作。为了更好地模拟现实世界，*Roblox* 还创建了统一的 3D 虚拟世界，通过创建 Robux 币构建经济生态闭环，使整个 *Roblox* 更像一个具有社交、游戏、创作等功能的虚拟社会，拥有自己独立的经济体系，在 *Roblox* 中的交易也可以转换成现实中的货币。Roblox 作为元宇宙概念的引爆者，正在努力构建自己的元宇宙，作为未来元宇宙的一部分，这也是 Roblox 由游戏营运商向游戏和其他应用引擎开发平台服务的转变。

NVIDIA Omniverse（英伟达全宇宙）是一款为沉浸式服务和增强现实服务的应用引擎。它通过主流行业的 3D 设计工具，提供专业的虚拟协作和真实的物理反馈；利用可扩展的、真实的实时光线追踪和路径追踪，提供精美逼真的视觉效果。本质上，Omniverse 就是虚拟现实应用引擎，能够调试渲染高保真的影像，利用物理定律构建物理世界的变化、引力、光、压力等，创作者利用这一引擎可以充分获得与真实世界相同的反馈。2021 年 4 月，福斯特建筑事务所全球 17 个办公地点的设计师们已经开始用 Omniverse 协同建筑设计；工业光魔也着手将 Omniverse 应用到影视行业；爱立信用 Omniverse 模拟 5G 波传播等；甚至机器人在 Omniverse 世界训练，可学习如何成为一名合格的机器人。Omniverse 作为服务应用引擎，不仅可以为游戏产业服务，还可以为很多其他应用产业服务。

Unity 是游戏引擎霸主，但要想实现元宇宙中虚拟现实和渲染式体验服务，就要解决在网络虚拟空间的沉浸式虚拟体验的问题，这需要快速的渲染和低延迟的计算，为此，Unity 推出了云端分布式算力方案，包括云烘焙、云端分布式资源导入与打包、大规模数据端轻量化等解决方案，使这些解决方案形成云应用引擎，可以高并发利用云计算资源，实现云渲染，帮助创作者提高开发效率，加快应用开发。

除了这些应用引擎外，还有许多其他应用引擎正在开发，在互联网上以云服务的方式提供各种应用开发服务，降低了应用系统开发的难度，加速了应用创新和部署的过程。在元宇宙中，这些应用引擎还需要根据未来技术发展和用户需求进一步完善，实现元宇宙与应用引擎的深度融合，创造更具有沉浸式体验和真实反馈的效果，加快元宇宙的应用创新。

07

游戏，
更加身临其境。

METAVERSE

关于元宇宙的讨论仍在继续，是镜花水月还是触手可及的未来，是资本炒作还是新的赛道，是新瓶装旧酒还是科技新突破，下结论前不妨“让子弹飞一会儿”。在这里来介绍一下元宇宙中的电子游戏。电子游戏是依托电子设备平台而运行的交互游戏。电子游戏的出现改变了人们对游戏的传统认识和玩游戏的方式方法。除了棋牌、球类运动之外，战争、格斗、恋爱养成，以及《仙侠世界》《机甲世界》等冒险探索类游戏也应运而生。随着时代的不断发展，电子游戏也在不断进化，不断兼容社交、商业、科技等元素，逐步发展成为基于网络的一个庞大的综合体。电子游戏的发展逐渐符合 Roblox 公司提出的元宇宙 8 个主要属性。电子游戏已经成为元宇宙的孕育之地，这一点应该是毋庸置疑的。电子游戏展现出的社交互动灵活、IP 联动迅速、用户主动性强等特性无一不是人们对未来元宇宙的设想。那么，玩家将如何在元宇宙中进行游戏呢？

（一）元宇宙游戏娱乐必备要素之一——一件人机交互装备

元宇宙游戏玩家首先必备的装备是什么，是游戏中的一件神器，是一套触感敏锐的键盘、鼠标套装，还是一把舒适的游戏座椅？对于大部分的网络游戏玩家来说，他们虽然很看重游戏中的各类顶级装备，但是更沉迷于对装备的追求过程、沉迷于经典的故事情节，《魔兽世界》怀旧服的火爆就缘于此。玩家可以在简陋的网吧用着几十元的鼠标键盘，不亦乐乎地刷副本、刷装备，享受着游戏带来的快乐。不论是2D还是3D游戏，好的游戏总是让人身临其境。但是拥有这些快乐还有一个基础条件，就是需要一套配置适中的游戏硬件设备，将玩家与游

《魔兽世界》是由游戏公司暴雪娱乐制作的第一款网络游戏

中新图片 / 许康平

戏世界联系在一起。

对于元宇宙游戏玩家而言，他们也需要这样一件装备，将玩家连接到虚拟世界的游戏硬件装备。这件装备现阶段仅仅有一个雏形，具体的模样在人们的各类设想中有所不同。在《失控玩家》中，它是一副神奇的 VR 眼镜，戴上它主人公可以看到玩家眼中的世界：四处漂浮着的虚拟图标，如任务提示、血量和弹药量等，地上还有各类装备和医疗包。在《刀剑神域》中，它是一个游戏头盔，玩家与朋友们在课余时间里躺在床上自由地进入“SAO 世界”——一个类似艾泽拉斯的世界。在《氪金玩家》中，它是一个游戏仓，与科幻影视作品中的休眠舱类似，玩家只要安静地平躺在里面，就能在“纪元”之中征战厮杀。虽然这件装备的外形在不同的小说、电影、动漫之中有所不同，但是它的功能是相似的，就是通过某种脑机接口，将玩家的意识“数字化”上传到元宇宙游戏中，使玩家大脑与游戏角色之间无障碍地进行交互。玩家身体的感知功能能够在元宇宙游戏之中发挥与现实中一样的作用。这件装备使玩家的游戏角色真正“活”在游戏之中，而不需要通过显示器、鼠标和键盘在游戏中进行各种机械的互动。

（二）元宇宙游戏娱乐必备要素之二——一个自己

任何游戏中都有一个注册的虚拟角色，代替玩家在游戏中进行冒险、交友和娱乐。那么，打算在元宇宙中玩游戏的我们需要一个什么样的角色呢？我们需要在元宇宙游戏中创建“Metahuman”（虚拟数字人）——一个代替现实中的自己的虚拟角色。从词根上看，

“Metahuman”与“Metaverse”共享前缀“Meta”，两者的联系也确实很紧密。在元宇宙概念下，通过数字技术，人们能够在一个虚拟的空间中生活，现实世界的一切都将被数字化复制，这当然也包括人类自己，人们可以借助“虚拟数字人”在虚拟世界里完成所有现实生活中的活动。

在好莱坞电影《头号玩家》中，著名导演史蒂文·斯皮尔伯格向我们展示了一个荒诞离奇却令人神往的虚拟游戏世界——绿洲。在这个神奇的世界中，形形色色的玩家，根据自己的喜好，依据不同影视作品中的经典角色，创造众多的虚拟数字人。在元宇宙游戏中，游戏角色对于玩家来说意义非凡，这个角色不再简单地是玩家控制的一个角色，而是玩家在这个游戏世界里的数字分身，可以说就是另外一个自己。因此，玩家对于自身游戏角色的形象需求不再是2D游戏中的纸片人或者3D游戏中的立体角色，而是夹杂着自身审美、爱好等，赋予其特殊含义的、真实的“虚拟数字人”。

当玩家对于游戏形象产生特殊需求时，虚拟数字人制作的现实需求也就应运而生了。如何制作一个虚拟数字人？《刀剑神域》中元宇宙游戏设备会依据对玩家的扫描结果，在游戏中创造出一个与现实中玩家一模一样的虚拟数字人。当今，我们可以利用各种智能工具来创造一个符合自己要求的虚拟数字人。2021年初，Epic Games基于Unreal引擎驱动推出MetaHuman Creator工具，让开发者可以轻松制作出高写实的虚拟数字人形象。Epic Games数字人类技术副总裁弗拉基米尔·马斯蒂络维奇（Vladimir Mastilovic）在接受采访时强调：“MetaHuman Creator工具将之前制作超写实角色所需的数周甚至数月

人工智能少女“小冰”在青少年论坛上与真人对唱

中新图片 / 陈玉宇

时间，压缩到了几分钟，使用者可以轻松制作脸部特征、调整肤色，从预设的体型、发型、衣服等选项中任意挑选。也可以投入更长时间做定制。这对 Epic Games 以及整个行业都是全新的技术。”精灵、矮人，通过该项技术玩家可以制作一个心目中的“自己”，以全新完美的形象生活在元宇宙游戏之中。

除国外的 MetaHuman Creator 工具，国内由北京智源人工智能研究院牵头，智谱 AI、微软小冰公司等多家机构共同研发的超大规模智能模型——悟道 2.0 也取得了技术突破。2021 年 6 月 1 日，基于悟道 2.0 诞生的中国首个原创虚拟学生“华智冰”在北京正式亮相。华智冰于 6 月 16 日在自己的微博账户上发布消息，其将进入清华大学计算机系学习，并拜智源研究院学术副院长、清华大学教授唐杰为师。清华大学也为华智冰注册了学生证和邮箱。一个虚拟数字人从网络走进了现实。

但构建虚拟数字人并不是元宇宙游戏的全部，只是游戏的开始。

当虚拟数字人技术相对成熟后，批量的虚拟数字人将在市场上涌现。元宇宙游戏不可能凭借单一形象持续吸引用户，还要在动态、技能、故事线等内容模式打造上增强对玩家的吸引力。

（三）元宇宙游戏娱乐必备要素之三——一个世界

游戏由线下发展到电子游戏、网络游戏，再发展到元宇宙游戏，这种发展体现了科技领域的创新突破，让我们沉迷其中，难以自拔。游戏的每一次进步都是我们想象力的一次飞跃，由简单的多人协作或博弈，发展到创造出一个全新的世界。从当前热门的几款网络游戏看，它们都拥有一个宏大的文明世界。这些世界有魔幻类、历史类和现实类等。这些世界的起源和文化背景可以是完全虚拟的，也可以取材于某国神话传说、某段知名历史或者某部畅销的网络小说。对于玩家而言，游戏所具备的世界观越是宏大、越是充满神奇色彩、越是现实存在，就越是令玩家爱不释手。

Second Life（《第二人生》）是第一个被网络游戏玩家认可、高度还原现实社会的虚拟世界游戏。其强大的世界编辑功能，与现实世界相同的功能设定，使人们可以在游戏中结交好友、逛街购物、建造属于自己的建筑、贩卖各种商品，等等。完善的世界设定吸引了大量企业进驻其中。2003 年，BBC、路透社、CNN 等知名媒体也将 *Second Life* 作为其新闻发布的一个平台，IBM 更是在游戏中购买了虚拟地产，建立自己的销售中心。2007 年 5 月，马尔代夫更是抢在瑞典之前宣布在 *Second Life* 中开设虚拟大使馆，马尔代夫驻日内瓦的一名外交工作

人员将在大使馆内设置一名虚拟官员，和游戏世界的居民“面对面”进行交流。马尔代夫外交官员马克·里蒙对媒体表示，虚拟使馆就好像一个视频游戏，非常具有互动性。*Second Life* 俨然成为网络世界中的一片处女地。

但是作为游戏世界，仅有与现实世界相似的设定还远远不够，毕竟玩家经历过各类网络游戏的洗礼。元宇宙游戏应该体现多元的属性和开放性，能够保障形形色色的游戏爱好者从这个世界中找到自己的归属。玄幻、仙侠、机战、异能等各类游戏文明能够自由选择，游戏背景的文明起源和不同文明之间的冲突，在游戏中反映得淋漓尽致。

同时，元宇宙游戏更应该是一种突破，可编辑、可拓展性使玩家成为游戏的主人，成为推动游戏故事情节发展的主要因素，而玩家再也不是游戏策划、游戏程序手中的提线木偶。元宇宙游戏中的世界是一个以玩家为主的世界。元宇宙游戏可以使人体验从成长到交友，从恋爱到结婚，甚至繁衍后代。现实社会中的元素里面都有，无论是打怪升级还是恋爱养成，都由玩家自己选择和编辑。在游戏赋予玩家的编辑权力范围内，玩家就是上帝。在这个世界，玩家可以获得真实世界之中无法获得的满足感、愉悦感。玩家在这个世界中既不会受生理条件、道德法律的约束，也不会有预先安排的使命任务。元宇宙游戏玩家在自己的世界中真正离开了现实的喧嚣，获得了心灵的舒缓和解脱。

（四）元宇宙游戏娱乐必备要素之四——一份工作

元宇宙游戏之中还需要打工吗？目前，谁也不能给出一个肯定的答案。但是玩家在任何游戏之中“生存”都需要一定的成本。玩家要找到一种合适的方式养活游戏中的自己。而且，为了让玩家在虚拟的游戏世界之中非常快乐而且自主地生活，元宇宙游戏的现实感也一定会非常充足，没有什么比衣食住行更贴近真实世界。元宇宙游戏拥有一个完整的世界体系，那么，这个世界之中也会拥有完善的经济体系来支持游戏世界的良好运行。任何基于数据信息的形象、内容、财富等都可以在元宇宙游戏中流通，元宇宙游戏公司也会把商店、银行搬到元宇宙里，让整个世界更加繁荣。比如，《王者荣耀》中的英雄角色皮肤（衣服）就需要玩家额外付费进行购买。一个普通的虚拟角色的皮肤能卖多少钱？2020年春季韩信皮肤“飞衡”的销售价格为178.8

《上载新生》讲述了2033年全社会接受在人体死亡后将意识上传到虚拟世界中继续生存的故事

《上载新生》海报

元，打折后卖出价格为 143 元。根据中信建设证券发展部提供的数据，这款皮肤当时售出了近 2000 万份，合计价值近 28.6 亿元。当时鼠年春节限定皮肤共有 5 款，其他皮肤的售出数量都在百万量级。现实社会中有奢侈品，游戏中也有各式各样的皮肤奢侈品。即使你精打细算，游戏中可能还有各种收费名目。在《上载新生》中，人们在虚拟世界中的一切活动都需要使用“流量”，而使用“流量”都需要支付一定费用，当你没钱支付高速“流量”费时，你在虚拟世界的“网速”就会被下调，人物在虚拟世界中的活动就会出现严重的卡顿和丢帧现象。运营商也会赠送一些“流量”，但当免费“流量”用完后，你就会被“冰冻”，直到你完成充值或者下个月免费“流量”生效后才能恢复正常。

面对游戏中的生存压力，你是否考虑在元宇宙游戏之中找一份工作来养活元宇宙游戏中的“自己”。我们在未来的元宇宙游戏之中竟然还要打工赚钱？想想真是可悲。但如果你是一个普通的游戏者，那么，你可能就需要不止一份工作了。我就身兼数职：在《星战前夜》（*EVE Online*）手游中是 WOG—索恩帝国联盟下属军团的一个“矿工”，挖矿赚钱养活自己；在《魔兽世界》中则是“17 张牌你能秒我”公会的一名金团打手，靠刷副本、卖装备、赚游戏币换取游戏月卡。多份工作累加在一起可能使你身心疲惫，感慨元宇宙生活大不易。唯一令人欣慰的是，元宇宙游戏中的工作种类和工作时长没有明确的要求，并且这些工作时间并不是强制性的，你可以根据自己的现实生活进行灵活调整。你可以与现实中一样，为元宇宙游戏中的某家企业、某个公会提供脑力或体力的服务，也可以找一份离经叛道的工作，如《纵横七海》的海贼……甚至还可以向游戏工作室学习，通过提供有偿代练或者帮助玩家完成各类高难度的任务，以获取各种成就来赚取游戏金币，然后再将这些金币出售给有需求的“氪金”玩家，还可以通过游戏脚本攫取大量的金币、武器装备，在虚拟或者现实世界中出售。你还可以将现实社会的各种小店搬到元宇宙游戏中，通过游戏交易和社交系统展示琳琅满目的商品，并附上交易方法，玩家可以自由选择心爱的商品，你也能从中获益。*Second Life* 中的游戏用户钟安社（Anshe Chung），通过经营游戏中的虚拟地产，在两年的时间里为自己赚取了价值 100 万美元的游戏资产，成为虚拟游戏世界中第一个白手起家的百万富翁。根据 2020 年的统计数据，*Roblox* 中有 200 多万名玩家游戏开发者，其中 34.5 万人赚钱，其中几十名顶级玩家的收入达到了数百万美元。

（五）元宇宙游戏娱乐必备要素之五——一群伙伴

不论是现在的网络游戏，还是未来的元宇宙游戏，聊天系统都是游戏的标配，聊天交友则是每一款网络游戏所必备的功能。在网络游戏这个完全虚拟的电子世界中，结交一群知心好友聊天解闷、打发时间，对于一部分玩家来说，可能比打怪物升级更加重要，交友才是他们玩游戏的主要目的。针对游戏社交这个大舞台，Facebook 频频出手，接连收购多个游戏工作室。2014 年 3 月，Facebook 收购 Oculus VR 之后，扎克伯格表示，Oculus VR 将从游戏变革开始，之后将彻底改变数字社交互动场景，成为未来人们日常生活的一部分。2021 年 6 月，Facebook 宣布收购游戏工作室 Unit 2 Games。Facebook 在游戏领域的频繁出手，使我们不禁产生联想，元宇宙游戏被扎克伯格视为未来社交的一个重要领域，Facebook 雄心勃勃准备建立的“Metaverse”是一个包含游戏元素的大型社交平台。在游戏之中与玩家们打交道的虚拟角色都是现实社会之中存在的人所扮演和操控的，与你面对面交流的都是真实存在的人。这是目前单机游戏和其他类型电子游戏所无法带来的体验。

游戏之中的玩家为什么要开展社交活动？其社交需求应该与现实社会中的社交需求一样，符合马斯洛需求层次理论，即由低到高，分别是生理需求、安全需求、归属与爱的需求、尊重需求、求知需求、审美需求以及自我实现需求。玩家的自我实现需求应该是游戏社交的一个重要因素。既然是游戏，那么，其中一定有很多关卡、隐藏剧情

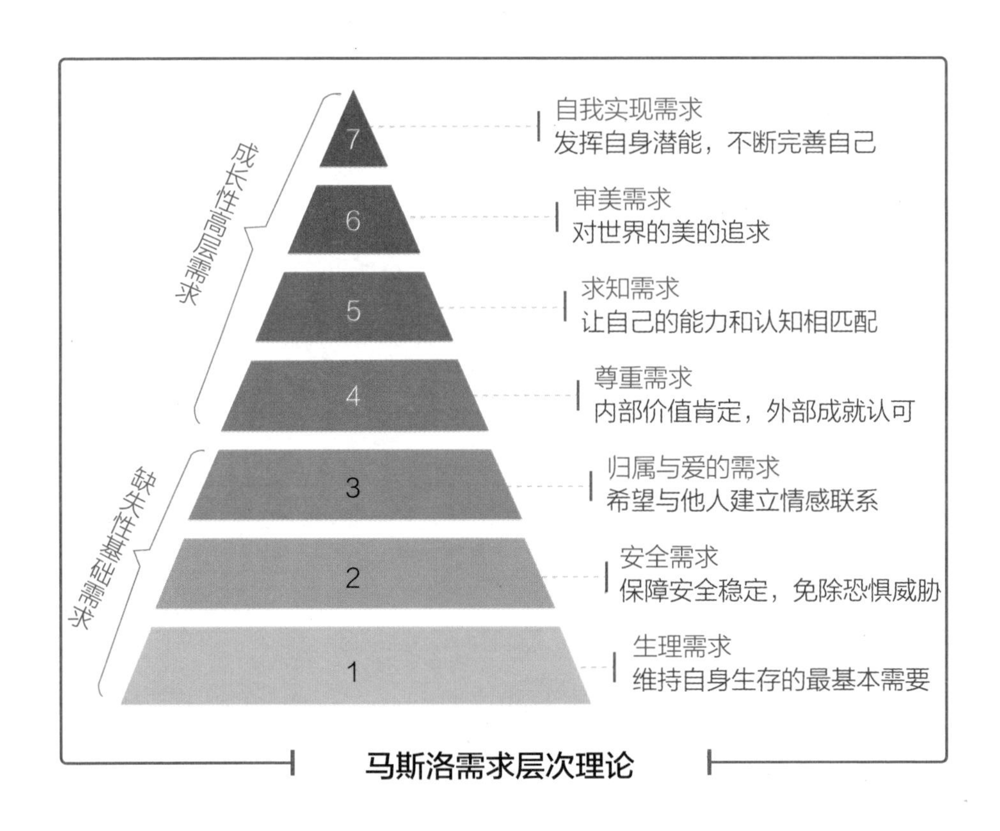

马斯洛需求层次理论

或 Boss（大头目、大老板），需要我们一一挑战。为了获得金钱、装备、成就，玩家可能需要队友的协助，召集一批可靠的队友是应对游戏之中各种挑战的一个必备因素。当然，一群不靠谱但逗趣十足的队友，也能使你的游戏乐趣大增，使你忘却一次又一次被灭团的痛苦。如果你是一个为了享受打败对手的快感而选择游戏的玩家，你也需要一群在成功之后为你鼓吹、分享你胜利的喜悦的朋友。元宇宙游戏在科幻、魔幻等超现实主义游戏背景光环的映衬下，可以使玩家获得超出现实社交的自我满足感。

即使你是一个不善于社交的玩家，也可以在元宇宙游戏之中找到属于你的特殊朋友——NPC（非玩家控制角色）。我们可以设想，元宇宙游戏之中的 NPC 通过广泛使用人工智能技术，可以变成与玩家一样的“鲜活的人类”。*Overlord*（《不死者之王》）中创造出的背景游戏，可以说是未来元宇宙游戏的一类典型代表。现实之中的铃木悟穿越到尤德希尔（Yggdrasil）游戏世界，成为这个世界上最强的魔法师——飞鼠（别名“骨傲天”）。作为这个世界中的唯一玩家，他的手下是一群拥有自我意识的 NPC，他的敌人也是一群拥有智慧的 NPC。各类故事，爱恨情仇就在玩家和 NPC 之间、NPC 和 NPC 之间展开。*Overlord* 中拥有人类智慧和意识的 NPC，这个看似科幻又带点玄幻色彩的设定，正逐渐成为现实。基于人工智能的清华大学学生华智冰，号称诗词歌赋无一不通，拥有一定的推理和情感交互的能力。她具备持续学习的能力，与人类一样能够通过学习，使自己变得更加聪明。对于不善交流或者喜欢独来独往的玩家来说，像华智冰这样的虚拟数字人也是游戏中交友的一个好选择。

08

社交，
更喜欢面对面

METAVERSE

人都具有社会属性，人在与周围的事物发生联系时，表现出来的独有的特性就是人的社会属性。社会是人的社会，人是社会的人，有人就有社会，人与社会密不可分。社会属性决定了人的社交需求，这个需求与性格无关，是人赖以生存的基本需求之一。随着经济水平的不断增长，城市中的人们的生活节奏越来越快、生活压力越来越大，社交活动的频次和效果都已降至冰点。元宇宙利用虚拟世界构建逼真的社交环境，让喜欢社交的你享受面对面的社交所带来的独特体验。

（一）朋友圈的孤独

社交是指社会上人与人的交际往来，是人们运用一定的方式（工具）传递信息、交流思想意识，以达到某种目的的社会各项活动。如今，经济和社会环境的变化使人与人之间的交往显得尤其重要，只有不断地与各类人员进行信息沟通，才能不断地丰富自己、发展自己、扩充自己、提高自己。所以说，社交是实现人与人之间的知识共享、心理沟通、思想交融的一种重要方式。随着时代的发展和科技的进步，社交方式也在不断更新变化。

第一，科技发展显著推动了社交发展。一直以来，社交方式随着科学技术的发展而不断变化，呈现出技术引领需求的典型特征。

古代，人们的社交活动主要靠公共场合，如喝茶、听戏、遛狗、斗蛐蛐、逛庙会等，这些活动不需要通信技术手段作支撑，是真正面对面的社交。但此时的社交主要是熟人社交，与陌生人发生联系的可能性较低，主动与陌生人进行交流会显得十分唐突，但经由一些典故引发的特殊社交活动常常被传诵为经典，如“许仙、白娘子断桥相会”“梁山伯、祝英台草桥结拜”等。这个阶段，人类社交活动被局限在较小的地域范围之中。

电话出现以后，电话社交发展迅速。“电话之父”亚历山大·贝尔说过：“电话将在未来很长一段时间，在人们的沟通与社交中发挥重要作用。”在传统时代，电话肩负起传递信息、保障沟通的使命，对促进社会发展起了重要作用。直至目前，电话社交依然活跃在社交舞台上，但是由于受到其他先进社交手段的挑战与冲击，已渐渐交出“带头大哥”的位置，成为保底社交手段，当其他途径无法联系上好友时，才会考虑打个电话试一下。

随着手机的出现，短信也出现了，短信社交迅速成为社交新宠。短信社交的发展主要受限于资费，每条 1 毛钱实在是有点贵。

2007 年 5 月，中国移动推出了飞信（Fetion）综合通信服务，融合了语音、短信等多种通信方式，覆盖了完全实时、准实时和非实时 3 种不同形态的客户通信需求，实现了互联网和移动通信网间的无缝通信服务。在当时，发信息不用花钱，可以说是颠覆了人们的想象。基于此，应该说飞信是最有机会成功的社交软件，但中国移动不舍得短信市场的巨大收益，又屏蔽中国联通和中国电信用户的接入，导致飞信发展缓慢，错过了击败腾讯的最佳时机。

2009 年 8 月，新浪推出新浪微博，成为中国第一家提供微博服务的门户网站。微博社交迅速发展起来，随着微博日益火热，其中诞生的各种热词也迅速走红网络。2009 年，"微博"这个全新的名词，以摧枯拉朽的姿态扫荡社交界，成为全世界最流行的名词。随之而来的是一场场微博世界人气争夺战，大批名人为各大网站站台，各路名人也以微博为平台，在网络世界里聚集人气。同时，新的社交工具造就了无数草根明星，从默默无闻到新的"大 V"，借助于热点事件的超高流量，往往只需寥寥数语即可实现。

2011 年 1 月，腾讯公司推出微信（WeChat），一个为智能终端提供即时通信服务的免费 App。微信通过网络快速发送信息，仅需消耗少量网络流量，支持跨通信运营商、跨操作系统平台传递语音、短信、视频和图片，同时，也可以使用通过共享流媒体内容的资料和基于位置的社交插件"摇一摇""漂流瓶""朋友圈"等服务插件。微信实现的是基于手机号码的熟人社交，一经推出，就迅速发展起来，腾讯 QQ 大量用户也迅速转投微信的怀抱。直至目前，微信已经成为中国最重要的社交软件之一，具有举足轻重的地位。利用微信，腾讯也彻底站稳了国内社交软件"一哥"的位置。

2016 年 9 月，抖音上线，抖音是由字节跳动推出的一款短视频分享 App。抖音最初的定位是一个专注年轻人的音乐短视频社区，用户

上海字节跳动大厦

中新图片 / 陈玉宇

可以选择歌曲，配以短视频，形成自己的作品。与其他社交软件不同的是，抖音专注于视频社交，用户黏度非常大，发展异常迅猛，截至2021年1月，抖音的平均日活跃用户已经达到了5.1亿。

第二，主流社交媒体多以“社交+”或者“+社交”的形式进行发展。“社交+”就是在以社交为主的App上扩展其他功能，如微信启用小程序，支持任意功能定制扩展。“+社交”就是在非社交App上拓展社交功能，如抖音、快手的“短视频+社交”，豆瓣的“组+社交”，支付宝的“生活服务+社交”，网易云的“音乐+社交”等。对于用户本身来说，“+社交”的模式无法带给用户直观的社交体验，就像大家打开抖音主要是为了观看视频，打开支付宝主要是为了付款，而不是因为上面的一个好友发过来的一条信息。但“+ 社交”也是必然的选择，用户不可能忍受某个平台上过于单一的功能，如果想与朋友交流还要更换 App 的话，这个 App 可能最先被换掉。

科技在不断发展，社交方式在不断进步，手机里的 App 在不断增加。新兴科技拉近了人与人之间的距离，只要你是一个心智健全的人，拥有一部智能手机，那么，你就能通过网络领略到大千世界的美好；只要你会使用微信朋友圈，就不会交不到朋友。

第三，熟悉的社交方式渐渐变了味。日子一天天过去，不知道从什么时候开始，熟悉的朋友圈渐渐变了，一些老熟人的朋友圈许久没有更新，始终空空如也，人就像人间蒸发了一样；一些不太熟的人的朋友圈始终光鲜亮丽，“人上人”的生活多姿多彩，但总感觉有些虚伪，看了之后总想避开；一些从事销售、微商的人的朋友圈总在不断刷屏，使人无数次生出屏蔽此人的想法。慢慢地，在众多新颖社交软件的冲击下，朋友圈对用户的吸引力已大大降低。

科技已经非常发达，我们可以利用各种 App，同时与成千上万的人进行语音、视频沟通交流，我们的朋友圈越来越大，通信录中的名单越来越长，却仍然感到孤独。“朋友圈的孤独”是科技带来的吗？是不是删掉了微信，就没有了“朋友圈的孤独”呢？科技只是助力，孤独源自内心。同时，孤独是不正确的社交的产物，若要改变，先要改变社交方式，所以，来元宇宙吧。

（二）在元宇宙中面对面吧

新一代的年轻人都是在各种电子产品的陪伴下长大的，几个月大就开始看电视，从还不会说话、走路就开始玩手机、iPad，上小学就开始戴电话手表，上大学就疯狂玩手机、打游戏。这一代人是在网络上学会社交的一代人，如今也只擅长在网络上交流，对现实生活中面对面的社交方式心存鄙视或心怀恐惧，不知道如何与人面对面交流。

第一，面对面交流是社交的最佳形态。面对面的交流有许多特点是网络社交无论如何也难以企及的。面对面地聊天能观察到对方实时的表情和神态，甚至某些时候坐姿、表情、神态比语言传递的信息量还要大，口头言语的交流通过语气、肢体的表现进行了丰富与增强。面对面能够使沟通双方第一时间高效地将内心的感受传递给对方，不必忍受语言文字的拘束，想到哪儿就说到哪儿，有些话能够一遍一遍地说，但表达含义的程度在不断增强，更容易激起双方的情感共鸣，更容易纾解心中的郁闷，分享成功的喜悦。

网络社交则不一样。网络社交很多时候需要对语言文字进行斟酌，会仔细考虑这些话是否合适，措辞是否达意。我们在微信上发消息时，一遍遍地打字，删除，再编辑就是最真实的写照。这样就导致网络社交有太多修饰与掩饰存在，我们的真实情感被一遍遍的编辑遮掩了起来，发出去的都是包装过的信息，沟通交流的效率大打折扣。

第二，元宇宙将助力面对面社交。元宇宙中的我们的基本社交方式是面对面的交流。尽管我们相隔遥远的距离，但元宇宙会帮助我们实现面对面的交流。虚拟世界中，会产生一个同你一模一样的生灵，当你穿戴终端设备进入元宇宙后，这个虚拟数字人就可以由你的思维操控了。

虚拟世界中还有很多社交场所，有酒吧、咖啡馆、茶室、舞厅、球馆、广场、商场、学校等，你能想得到的、现实世界中有的都可以在虚拟世界中找到。甚至现实世界中没有的或者难以到达的地方，虚拟世界中也可以有。你能想象两个人坐在宇宙黑洞中喝咖啡的场景吗？现实世界中不可能，但虚拟世界中可以有。

通过虚拟数字人，我们可以在任意的社交场所自由穿梭，与平时难得一见的好友纵情相会。我们可以与一些小学同学一起去逛曾经上过的小学，尽管学校早已被拆迁；我们可以与几个高中同学一起去看望高中班主任老师，尽管班主任老师早已不在人世；我们可以与几个好友一起去喝酒，尽管现实世界中的我们早已吃过晚饭；我们可以与几个 IT 爱好者一起去体验最新的手机、平板、笔记本电脑；还可以约几个旅游爱好者一起去看泰山日出、赏香山红叶、观钱塘江大潮。

第三，互联网巨头公司已对元宇宙社交布局发力。虚拟的场景、真实的朋友、逼真的体验，驱动我们在元宇宙中面对面交流。2021 年是元宇宙元年，多家公司不约而同发力于元宇宙项目，意图占领元宇宙社交概念的制高点。

2021 年 9 月，小冰公司与微软（亚洲）互联网工程院在北京联合举行了第九代小冰年度发布会。在发布会上，小冰团队发布了全球首个人与 AI 融合社交平台“小冰岛”App。小冰岛是人类用户与人工智能融合的一个社交网络平台 App。在该平台中，人类用户可以创造各

全球首个人与人工智能融合的社交平台“小冰岛”App

人工智能小冰团队发布

种人工智能个体，并形成一个共同生活的社交网络。通过小冰框架技术，每个人工智能个体均是独一无二的，相互协同，向人类用户提供完整的社交与内容体验。小冰岛会不断更新迭代。

小冰岛能够为用户提供融合沉浸式体验，每个用户均可创造自己的岛屿，并连带拥有一个功能类似于微信和Line等社交产品的完整社交交互界面。用户不仅能在岛屿中体验丰富的视觉和自然音场，也能与人工智能个体进行对话，还特别再造了完整的一对一对话、群聊、朋友圈和技能生态体验。

小冰岛环绕着用户，遵循以人为中心的内容生成原则。通过小冰岛框架下的人工智能技术，根据用户需求，不间断地为用户生成各种长音频、短视频、音乐、文本及视觉内容，每个内容均一对一生成并提供给用户。根据不同人工智能个体的特点，用户可选择由哪个人工智能个体为自己提供哪类内容。

小冰岛轻松、热情、无时不在，通过人工智能个体间的信号传递，个体们会共同构成以用户为中心的社交生活目标，并相互协同，实时响应用户，将之反映在交互、朋友圈和各种生成的内容中。在小冰岛中，用户能获得类似于社交网络的体验，但不会产生任何社交压力。

2021年10月，社交平台*Soul*宣布正式推出用户共创体系。此前，*Soul*已于2021年6月底推出“个性商城”板块，并邀请平台“捏脸达人”入驻上架作品。*Soul*产品负责人车斌表示，上线个性商城是共创体系的一部分，这不仅是平台与用户共建“社交元宇宙”生态的尝试，也满足了Z世代用户的需求。Z世代（1995—2009年出生的人）被认为是具有创造力和高度追求个性化的一代。在*Soul*近3400万的月活跃用户中，有超过70%的用户为Z世代。

*Soul*作为给年轻人提供服务的社交应用软件，在行业内首次提出构建“社交元宇宙”的概念。通过独特的玩法和机制为用户打造一个立体多元、沉浸感强的社交场景，为用户带来了沉浸式的社交体验。在*Soul*上，每个用户都拥有一个虚拟身份，*Soul*会基于用户社交画像和兴趣图谱，通过AI算法来推荐用户与信息，帮助用户找到志同道合的人，形成高质量的互动。此外，*Soul*还陆续上线了虚拟捏脸头像、*Soul*狼人、群聊派对等功能，来丰富用户的社交场景。基于此，每个用户都能在元宇宙中建立新的社交关系，这种社交不再局限于物理位置，不再以建立浅层社交关系为目的，也不再是线下社交关系的映射，这种更高维度的社交关系将有助于用户消除孤独感，收获快乐与幸福。

*Soul*为年轻人打造的社交元宇宙，脱胎于现实世界，又与现实世界平行，用户在这里可以娱乐、社交、学习等，这里为他们提供了很强的沉浸感体验。*Soul*还坚持技术创新和功能创新，致力于为年轻人营造一个健康、绿色、安全、舒适的社交元宇宙。对年轻人来说，消费数字化产品和服务已经越来越常态化了。在围绕元宇宙的讨论中，一个共识是，伴随数字化生活的深入发展，以虚拟形象为代表的个性化数字商品将受到更多用户的关注，与之相关的商业模式也颇具想象空间。

2021年11月12日，百度在苹果App Store和安卓应用商店上线了一款名为“希壤”的社交App。据应用商店内的介绍，“希壤”正在极速扩大，成为一个没有边际的无限世界，希望用户在这里有一段愉快的旅程。百度称，将打造一个身份认同、跨越虚拟与现实、永久存续的多人互动虚拟世界。“希壤”被认为是百度发力于元宇宙的一个重要项目。

腾讯公司也不甘落后，在“元宇宙游戏 + 社交项目”上发力。据多家媒体报道，腾讯天美工作室发布了一份招聘海报，天美新项目“ZPLAN”对外招聘多个岗位，该项目主打“社交 + 游戏”，团队规模超千人。

众多企业争相进入元宇宙领域，但正如扎克伯格所说的：“元宇宙绝不会出自哪一家互联网巨头之手。”与互联网一样，元宇宙绝不是一家独占的生意，众多企业只不过是在元宇宙前夜争夺最佳的位置、最有利的赛道而已。未来，每个人都是元宇宙的参与者，整合整个行业的能量来自每个参与其中的用户。作为用户，我们只需要做好拥抱元宇宙的准备，想清楚自己的真实社交需求，在众多企业开发的新型社交产品中选择并尝鲜，并静静等待元宇宙的来临就好了。

（三）不再有的社交恐惧症

社交恐惧症是焦虑障碍的一种，也称“社交焦虑症”。细究起来，大多数人可能都经历过社交焦虑，其典型表现就是跟陌生人在一起时，容易紧张、脸红、忘词、不知所措。社交焦虑和社交恐惧在程度上存在差别，社交焦虑较轻，社交恐惧较重。

第一，为什么会发生社交焦虑和社交恐惧呢？这需要从每个人对社交的认识与需求说起。大多数人认为社交是放松的途径，工作累了的时候就会产生社交需求，于是约上一群好友去喝酒、打球、喝茶、打牌、唱歌，或者一起去郊野踏青、纵马驰骋，在嬉笑玩乐中社交，达到放松身体、舒缓压力的目的。

如果一个人在这种轻松型的社交活动中都感到焦虑，那么，他一定是在社交过程中过多地关注了其他东西，从而忽略了放松自我的真正目的。有的人过于关注别人对自己的看法，期望在别人那里获得较高的评价，甚至为此精心打扮自己、准备社交活动中的言辞，一旦觉得自己的准备不充分、表现不突出，就会产生焦虑。这种焦虑与考试的焦虑性质相似，由于过度紧张，反而导致自己的真实水平难以发挥出来，社交互动中说话结结巴巴，为人唯唯诺诺，社交自信渐渐降低。

在工作中，保持适度的紧张是有必要的，它能够促进肾上腺素分泌，使我们保持旺盛的士气和英勇的斗志。但是，少部分人把社交当作竞技场，不知不觉中与每位参与者进行竞争和比较，社交活动对他们最大的意义就是把别人比下去。而一旦遇到自认为无法匹敌的对手，他们的压力就会陡增，焦虑感就会增强，极有可能在社交中错误不断、窘态百出。更严重者还会引起自信丧失、自卑严重，从而逃避社交，这就是社交恐惧症的症状。

其实我们完全不必妄自菲薄，随着你学历、知识、职位、阅历、情商、眼界、格局等各方面的提升，就会发现，社交也没有想象的那么难，之前让你自愧不如的人也不一定过得那么光鲜，每个人的背后都有很多辛酸与苦痛。每个人都在这个社会上忙碌地奔波，都在各种矛盾冲突中寻求平衡与生存。在社交中，我们不必过于顾忌他人对自己的看法，要勇敢地打破社交焦虑与恐惧，活出精彩的自己。

第二，社交恐惧症的典型特征。社交恐惧症患者通常无法接受社交失败，也就是过于重视结果。社交活动中存在不愿和不敢互动，遇到陌生人紧张，无法找到共同语言和话题。还有一些人不敢面对公共场合，场下聊天非常正常，一上台就紧张。如果仔细思考背后的原因，还是过于看重活动的结果，从而在活动中顾此失彼、状态全无。

社交恐惧症患者大多会过度思考。所谓过度思考，就是不断反省生活中的不如意，不断猜测可能的原因，并将思考引向最恶劣的后果。过度思考的人有两个典型特征：一是过度准备，在开始做任何事情以前，进行大量的准备工作，期望结果足够完美。必要的准备是良好的品质，过度的准备则是在焦虑心态下浪费精力的活动。二是反刍思维，就是事后分析原因，一遍一遍地放“电影”，总在考虑做得恰当与否、时机是否准确、表现是否优秀，甚至在没有人关注的细节上不断纠结，期望一切可以重来。

第三，如何摆脱社交恐惧症。元宇宙可以帮助我们摆脱社交恐惧症吗？通过元宇宙构建的多种多样、多姿多彩的虚拟社交场景，将有助于缓解社交焦虑、增强社交本领、提高社交效果，使面对面的交流更顺畅。

有些社交恐惧症患者极端重视个人外在表现，总是害怕因为着装、发型、仪容、姿态而让他人不喜欢自己。部分互联网企业开发的元宇宙产品，采取了虚拟形象的方式，人的容貌、身材、着装都可以随意定制，使注重外在表现的人无可挑剔，使长相平庸的人与帅气潇洒的人在虚拟世界拥有同样的社交起点。

有些社交恐惧症患者害怕失败，难以承受失败的后果。未来的元宇宙社交可以提供虚拟社交训练场景，能够重复训练社交技能。社交变得像游戏一样，失败了不可怕，再来一局就行了。通过训练，我们的社交水平越来越高，对社交过程的驾驭越来越娴熟，拓展到线下的社交能力也会更强。通过训练，我们还能够一次次地锻炼自己的内心，提升直面失败的勇气，当失败已习以为常，你就不会那么在乎它了，跌倒了会爬起来继续前行。

在现实生活中，有很多社交训练营，教你如何建立人际关系、成为出色的沟通高手，教你如何培养职场形象和角色原则，进行情感管理。但是这类训练营完全令人提不起兴趣。因为除了高昂的培训费用外，训练营里集中了大量社交焦虑人群，仅有几个所谓的“导师”负责教学与训练，所有的训练对手都是同你一样有社交焦虑的人，这种场景不是典型的社交场合，这种场景令人害怕与恐惧。元宇宙构建的虚拟场景则与之完全不同，你周围的是形形色色的人，他们能够模拟出一个真实的社交场景，在这样逼真的场景进行训练，你甚至感觉不到自己在练习，一不小心沉浸进去，就会把它当作真正的社交。

有些社交恐惧症患者习惯过度思考，元宇宙可以引导他们由思考型社交向观察型社交转变。思考型社交就是社交参与者总在思考事物的合理性、判断社交的成败，总在忧虑个人在社交中的表现。观察型社交是社交参与者去观察、体验、感受社交，去发现社交的美好，去感受生活的意义。所以元宇宙社交应该鼓励参与者因兴趣和内在需求而去社交，在社交过程中，通过场景设计和流程规划，为不同场景设计不同社交节奏，过滤负面效应，实现社交者关注点的聚焦，提升社交体验感。

与社交恐惧症相比，社交达人症是另一个极端。社交达人能够在公共场合或不熟悉的人面前，毫无思想压力且肆无忌惮地散发个人魅力。他们能够上来就与从未见过面的人勾肩搭背，亲切地喊不太熟的人的小名；能够主动与所有见到的人打招呼聊天，从门口的保安到隔壁公司的前台，从外卖小哥到保洁阿姨，甚至能够搞清楚全公司所有人的背景关系；在群聊时更是无所不知、无所不能，别人聊任何话题他都能聊，可以从人生哲理一直聊到娱乐八卦，从时事政治一直聊到家长里短。更可怕的是，面对他的侃侃而谈，你还觉得他讲得很有道理。

性格内向一点的人，在公共场合大多有欲言又止的经历，已经开口说出了一两个字，但因为无人关注而将剩下的话咽了回去，然后组织语言再等待下一次机会。社交强人则从来不会这样，他们在出场的时候，一定会让你未见其人先闻其声；他在开口之前，一定会先吸引全场的注意力，话一出口就会成为全场焦点。无论他走到哪里，都是人群中的焦点，永远占据主角位置。

很多时候，我们都会羡慕社交强人，觉得他们是生活中的幸福者、社会的成功者。有的人确实天生如此，自信、豁达、大方、阳光、快乐，同时将快乐传递给身边的人。但更多的人，可能不像我们想象的那么快乐。这些人表面上看起来风生水起，其实只是为了掩盖真实的社交恐惧而已。当社交结束回到家里躺在沙发上，他们才会卸掉面具，成为真实的自己。

我们到底在羡慕社交达人什么呢？

普通人或多或少会有社交焦虑，很多人都羡慕社交达人这种不顾一切的自信和我行我素的做派，自己也想这样做，但是瞻前顾后、不敢前行。内向的人更适合从事技术工作，外向的人更适合从事管理工作，这早已成为大家的共识。所以，我们会不自觉地崇尚外向、渴望外向，有的人希望自己能外向一些，有的人觉得生活中有对外向的需求，即使不外向，也要装作外向。

内向也好，外向也罢，社交中我们要建立自信，接受自我。社交只是我的需求，要知道自己需要什么样的社交。不用担心社交会成为你变得更好的障碍，《哈佛商业评论》指出："优质的社交圈只要12—18人就足够了。"所以我们不要因为自己认识的朋友不够多，而勉强自己去认识更多的人，倒不如将认识的、重要的人维护好。

社交达人症也好，社交恐惧症也罢，都是人在现实社会中社交的产物。在元宇宙里，我们不需要为社交焦虑、恐惧，更不要为了社交而社交，如果我们本身社交能力不强，也不需要装作很强的样子。也就是说，在元宇宙中，社交将会回归其本质，人类需要社交，所以我们才去社交。我们只需要在元宇宙中找到适合自己的存在方式，找到自己最舒服的生活状态，自然而然地去开展社交，将自己最佳的状态优雅地展示出来，这就够了。

09

消费，
再不会买错。

人在现代社会中，很难离开“消费”，现实生活中线上消费和线下消费都发生着巨大的变化，催生了很多新生事物，影响着我们的生活，但元宇宙里的消费仍披着神秘面纱。元宇宙不是一个枯燥的概念，更不是某家公司的产业，而是一次众多科技支撑下的革新、质的飞跃，将创造出一个平行于现实世界的新世界，用户群体无限的想象空间将催生更多的商业模式，有可能从根本上改变商业运作方式，商业模式有可能在元宇宙中被颠覆，引发社会变革，重塑数字经济体系。

（一）元宇宙将推动数字经济与实体经济深度融合

《中华人民共和国国民经济和社会发展第十四个五年规划和2035年远景目标纲要》规定，加快数字化发展，建设数字中国，迎接数字时代，激活数据要素潜能，推进网络强国建设，加快建设数字经济、数字社会、数字政府，以数字化转型整体驱动生产方式、生活方式和治理方式变革。“打造数字经济新优势”，充分发挥海量数据和丰富应用场景优势，促进数字技术与实体经济深度融合，赋能传统产业转型升级，催生新产业新业态新模式，壮大经济发展新引擎。虚拟现实产业是我国数字经济发展的重点方向。

2021 年是元宇宙元年，数字信息技术革命促进元宇宙的发展。同时，元宇宙将推动数字经济与实体经济深度融合，推动经济社会进一步加快数字化升级，推动全球数字经济走向新的阶段。腾讯、Facebook、微软等国内外知名科技企业开始进入元宇宙领域，探索数字经济新形态。阿里巴巴紧随其后，申请注册了“阿里元宇宙”“淘宝元宇宙”等多项商标，国际分类涉及 9 类科学仪器、41 类教育娱乐等。

阿里巴巴试水元宇宙是从 AYAYI 开始的。AYAYI 是杭州燃麦科技有限公司于 2021 年 5 月推出的首个超写实虚拟数字人。这家公司主要从事超写实虚拟数字人故事线和流量池孵化、业务定制、衍生品和独立品牌运营等业务。简单地说，AYAYI 是程序员创造出来的虚拟数字人，有着贴近真人的虚拟形象，还具有故事感、氛围感和完整性。

2021 年 9 月 8 日，AYAYI 成为天猫超级品牌日的首位数字主理人。也就是说，AYAYI 成为阿里巴巴聘请的首位数字员工，它将帮助天猫开启超级品牌的元宇宙计划。这也是天猫在数字虚拟营销上的进一步探索，更是天猫在虚拟数字产业方面的超前布局。1 个多月以后，天猫上线“天猫双 11 首届元宇宙艺术展”，展出的众多数字收藏品的创作者就是 AYAYI，如此，阿里巴巴迈出数字创造、数字资产、数字交易、数字货币和数字消费的第一步。

2021 年 10 月 19 日，云栖大会在杭州开幕，大会的主题是“前沿 · 探索 · 想象力”。大会专门设置了“元宇宙专区”，据主办方相关

天猫数字人 AYAYI

天猫超级品牌日微博

负责人介绍，“元宇宙专区”集合了相关领域的20余家企业，通过体验项目带参观者见证AR、VR、全息影像、虚拟数字人等行业的最新技术。在数智风暴馆，有的企业带来了虚拟化身、虚拟偶像、智能虚拟人等各类虚拟数字人解决方案，让人们看到了虚拟数字人的美好未来。

在云栖大会上，阿里巴巴达摩院宣布增设两大实验室：操作系统实验室和XR实验室。XR实验室致力于探索新一代的移动计算平台，即XR眼镜以及基于新移动计算平台的互联网应用技术，推动显示、人机交互技术的历史性革命。在“新显示”和“新交互”的场景下探索各种互联网应用，构建一个让人类可以沉浸式体验的虚拟世界，并与真实的物理世界进行融合和联动。

阿里巴巴达摩院XR实验室负责人谭平曾任360人工智能研究院副院长、加拿大西蒙弗雷泽大学终身副教授。在云栖大会上，谭平将元宇宙划分为L1全息构建、L2全息仿真、L3虚实融合、L4虚实联动四层。目前，通过VR看房、VR看店促进消费的热门模式等就属于全息构建这个阶段，在虚拟世界里构建“房”“店”的几何模型，并且在终端设备（如手机、显示器）上显示，实现一种表象的沉浸式用户体验。

资本市场关注元宇宙，国内外企业马不停蹄地进军元宇宙，元宇宙展现出一种产业趋势和科技潮流，开始影响我们的生活和经济社会发展。中国社会科学院数量经济与技术经济研究所信息化与网络经济研究室副主任、中国社会科学院信息化研究中心秘书长左鹏飞接受专访时说：“元宇宙将给我们的生活和社会经济发展带来五个方面的巨变：一是从技术创新和协作方式上，进一步提高社会生产效率；二是催生出一系列新技术新业态新模式，促进传统产业变革；三是推动文创产业跨界衍生，极大刺激信息消费；四是重构工作生活方式，大量工作和生活将在虚拟世界发生；五是推动智慧城市建设，创新社会治理模式。”[1]

现实社会经济从经济体制上可划分为两种基本形态，即自然经济和商品经济，这也是人类社会发展至今的两种基本形态。自然经济和商品经济反映着社会经济运行和资源配置的不同方式，土地是最重要的生产资料。在元宇宙虚拟社会经济中，交易的一部分是现实社会在元宇宙空间里的映射，另一部分是虚拟商品、数字商品。虚拟商品和数字商品反映到元宇宙中的生产资料是想象力、创造力，而创造力是每个人都具备的东西，每个人都是元宇宙内容的创造者，每个人都是程序员，每个人都是元宇宙的交易者，每个人都能通过创造获得回报，极大降低创造的门槛和成本。元宇宙虚拟社会经济将与现实社会经济有极大的不同。

元宇宙是虚拟社会与现实社会的全面交织，现实中的社会关系、生活关系不会被虚拟社会关系、生活关系所取代，而是产生线虚拟、现实一体的新型社会关系。现实社会经济也不会被虚拟社会经济所取代，反而会提升整体社会生产效率，从虚拟空间维度赋予现实经济新的活力。

1 李金磊：《社科院专家：元宇宙是双刃剑将带来五大巨变》，中国新闻网 2021 年 11 月 14 日。

（二）元宇宙中的消费体验

“后疫情”时代催生了很多新型消费方式，线上消费在兴起，“无接触购物、直播带货、AR+”充斥着人们的眼球，既给人们带来了便捷，也带来了诸多“不适宜”。线下消费融入了新科技，也在不停地寻找创新点。元宇宙消费到底是什么呢？是不是现实社会中线上消费模式的直接平移呢？

1. 线上购物的便捷与无奈。现在的网上购物，真是方便。各种购物 App，买衣服、买菜、买药、买书、买日用品等，甚至买车、买房，网络上几乎什么商品都能买到。网上购物的便捷，数不胜数。

2. 购物时间、地点不限。人们可以在家“逛商店”，在上班通勤的地铁上、在出差途中的高铁上、在吃饭时甚至等待一杯咖啡的几分钟里等。现在网上购物的主体人群平时工作太忙，周末又被各种事务所占据，没有更多的时间去逛商店，所以网上购物成了他们的首选，想要买什么，在网上就可以尽情挑选，也不受时间、地点限制。

3. 购物方式便捷。只要在手机或者电脑上打开购物 App 就能找到与实体店同款的商品或者仅在线上销售的商品，不需要大热天出门，也不需要大冬天出门，不需要费时费力去逛商城。我们在上网时，手指轻轻一划，就可以货比三家。下单物流配送，直接送到快递点，下班顺路取回家，很快就能收到我们想要的商品。从下单至收货，整个过程都不需要去现场，既省时又省力。

4. 商品价格相对低廉。网上店面租金、运维成本等比线下实体店低廉，同时节省了大量人力成本，整体成本较低，因此网上商品价格一般比商场同类商品便宜，尤其是化妆品、服装、日用品等，碰到网上店家活动，价格优惠力度更大。

但是也有不好的购物体验，如在网上买衣服，可能存在“买家秀”和“卖家秀”的问题。比如，一件毛衣，网上的模特穿显得宽宽松松的，有一种慵懒的感觉，自己穿上就像刚从医院打完石膏回来一样，不忍直视。又如，网上买家具，空间很难掌控，舒适度也很难把握，拿把尺子对着网页上的商品详情比画半天，几乎全靠想象。

2021 年“双十一”前，天猫推出“虚拟现实”3D 版天猫家装城。线上可免费搭建属于自己的 3D 购物空间。商家搭建时，只用上传多张商品实物照片，系统 AI 就能自动生成高清商品模型，完成建模。顾客打开淘宝 App，进入天猫家装城，就能看到商家品牌的 3D 样板间，顾客可以查看商品整体搭配的实际效果，还能进行简单的操作。比如，点击屏幕任意方向，可移动行走；或者左右滑动屏幕，旋转视角；或者双指滑动，放大或缩小视图。在这里，仿佛置身于实景样板间，还可以自己搭配，预览效果，布置自己心目中的家，比原来网页上单调的“查看商品详情”多了立体感与空间感。

5. 线下消费的创新。线下消费对商品感观更直接、简单。但是，你是否也碰到过这种情况：在一个大型综合商业圈里，经常晕头转向，购物前找不到心仪的品牌商铺到底在哪里，购物后想回家找不到车停放的位置了。即使商场里有电子地图导航、楼层指引、一键找车，有时候还是让人分不清东西南北。尤其是方位感不太好的朋友看到地图，都要先对地图上的“北”和所处位置前后左右关系进行琢磨，甚至还要对着地图先转上几圈，这降低了实体店的购物体验。有没有办法让我们“找北”不那么难呢？

2021 年 4 月 20 日，“成渝十大文旅新地标”——成都 IFS（成都国际金融中心）正式上线 AR 导航导览服务——ARgo 增强实景导航，这是全国首个全场景城市综合体 AR 导航。ARgo 增强实景导航是实景地图，顾客在寻找心仪的品牌商铺时，“AR 箭头”地标会指示出目的地，将路标、提示直接嵌入实景中，在哪里转弯、从哪里坐电梯都显示得明明白白，顾客再也不用辨别方位了。商汤科技负责人介绍：“通过 ARgo 导航服务可以快速找到心仪的店铺，在成都 IFS 官方服务号菜单栏、商场内的电子导视牌上都可获取 ARgo 的进入界面，无须下载任何 App。”当顾客需要取车时，只需输入楼层及车位号，即可一键锁定并导航至车位，还能线上完成缴费，停车场 AR 导航服务让顾客不再因为迷失方向而苦恼。实景导航其实已经不仅是导航了，更是一种导览，基于 AI+AR 的革命性虚实融合导航带给顾客沉浸互动体验。

如果说 ARgo 增强实景导航只是“导航”上的变革附加其他应用的体验升级，广州悦汇城 AR Show 则是线下商业融合元宇宙应用的常识，更加博人眼球。

2021 年国庆节长假期间，广州购物中心悦汇城上线广州商圈首个大型 AR 实景应用 AR Show，助力悦汇城开业一周年庆祝活动。AR Show 为顾客带来了一场虚拟与现实相交融的元宇宙购物体验。想要进入元宇宙，可以直接通过悦汇城官方小程序扫描实景，通过手机终端将发现整个购物中心焕然一新，仿佛置身于科幻电影，巨大的 AR 冰龙降临在悦汇城上空，盘踞在悦汇城上，仿佛将整个购物中心笼罩在冰雪氛围之中。在商场中庭，AR 冰雪城堡宏伟壮观又浪漫，遨游的水晶鲸鱼、各种各样的冰雕动物，极具视觉冲击效果，这让顾客的购物之旅惊喜满满，具有超现实参与感。有数据显示，在悦汇城周年庆活动期间，AR Show 助力广州悦汇城销售额同比增长 196%，客流增长超过开业同期，新会员增长数量创历史新高，庆典首日 AR Show 体验人次在会员新增量占比就高达 74%。

元宇宙重新定义了人与空间的关系，创造出虚实融合空间内容呈现和交互方式，AI+AR 激活商业“空间营销”，驱动革新内容的呈现和交互方式。在 AI 技术驱动下，元宇宙实现了现实世界和虚拟世界的连接，让实体场景、虚拟场景融合共享在一个数字空间中。将传统的吉祥物静态模型变成实景空间中活灵活现的虚拟动物，将扫码获取优惠券的传统方式变成实景空间中各处虚拟宝藏的寻宝活动，将展示促销信息的广告牌变成空中的数字景观，AR 智能导购、便捷沉浸式的 AR 导航、虚拟 IP 互动游戏等服务犹如黑科技一般，让顾客体验 4K 直播、AR/VR 场景化购物服务，给顾客带来新的体验和参与感。充满奇幻氛围的前沿科技与购物场景融合的沉浸式消费之旅增强了顾客的新型消费体验，为线下空间创造新的流量聚集地。

6. 元宇宙中消费的新天地。现阶段的线上消费，主要是通过购物 App 搜索商品，然后看详情页介绍，文字 + 小视频，各种对比的图、表，内容越来越丰富，信息量越来越大，使用时间也越来越长。还有一种方式是真人或者虚拟主播直播带货，主播试吃、试穿、试用，主播越来越多，但是带的“货”是随机的，往往等一个晚上刚好到想买的商品了，却瞬间被抢购一空，令人懊恼。如果购买需求是有计划的，主播带货这种模式就不适合，耗费时间太长。针对性购物，想让商品介绍更丰富、真实一些，又不想看那么复杂的详情页，怎么办呢？无论是线上购物还是线下购物，都不能尽善尽美，但在元宇宙空间，这个问题就很容易解决。元宇宙购物开辟了一个新天地，提供了一种不可思议的消费体验。

第一，准备“出门”。现实世界出门逛街前，要好好准备一番，有的朋友要先洗头发、化妆，打开衣柜选一套好看的衣服，再搭配一个包，精心准备两小时。但是元宇宙购物，这些都可以忽略不计，就像在现实世界线上购物一样，不需要关注手机屏幕前的你是什么形象。在元宇宙里，我们有一身行头，这个行头不是出门逛街要换的新装，而是一身全新的“数字行头”，装扮代表我们自己的虚拟数字人。我们可以自由、自主地选择形象。想简单一点，可以选择系统提供的备选项。想复杂一点，可以自我设计，设计发型、进行装扮，甚至可以手指轻轻一点，直接选择上次“出门”的形象，几秒钟后这个虚拟数字人就打扮好了。如果有的朋友想另辟蹊径，不选择“人”的形象，也可以选择大恐龙、机器猫等动漫人物形象，一切就是这样随性。

第二，“出门啦”。这个虚拟购物中心有真实感吗？有。有一个装备连接现实世界和元宇宙虚拟世界，可能是AR/VR眼镜，也可能是一件皮肤衣等，为我们提供一个虚拟现实、增强现实、混合现实（Mixed Reality，MR）的超越感官的感知世界。这种真真切切的感知，能够真实地感觉到，超感官感知界面的结合，在家里就像身处购物中心一样，面对的不再是冷冰冰的电脑屏。在现实世界中购物，我们为去哪一个购物中心犹豫不决，元宇宙中怎么去呢？有了AI技术支持的元宇宙，我们只需要一个简单的“语音指令”或者通过连接界面输入，元宇宙就能进行智能语音识别或者自然语言识别，瞬间读懂我们想去哪里，直接把我们瞬间投送过去，前一秒可能我们还在北京西单，下一秒，就可能到了法国巴黎，瞬移省去了交通的烦恼。当然，这不是投送真人，而是投送虚拟数字人。

第三，逛“街”。“街”在哪里呢？在元宇宙里。元宇宙里的“街”有两种：一种是基于现实世界构建高精度三维地图，并且在地图中准确实现虚拟数据信息的叠加，是现实世界里全球购物中心实体在元宇宙中的虚拟展现。一端连接到现实世界中各地的零售店，一端连接到元宇宙，将现实世界全球购物中心与元宇宙建立联系。我们逛街逛的就是“数字化与虚拟化”的全球购物中心，可能要乘坐大型购物中心里的手扶电梯，可能要遭遇拥挤的人潮，“逛”的感觉更真实。第二种是用户自己在虚拟空间里建立的“街”。用户可以是个体小商贩、种植果园的农民，也可以是独立设计大师等，我们每一个人都可以是“程序员”“建设者”。农民想卖橙子，可以直接把果园“搬到”元宇宙里。我们想买橙子，派出虚拟数字人，直接空降元宇宙里的“虚拟果园”，可以沉浸式体验，亲自“尝尝”橙子到底甜不甜，这个甜度符不符合我们的要求，甚至可以体验摘橙子的乐趣。

又如，买办公椅，不需要对比商品详情页，就能很好地解决问题了。只需要虚拟数字人到店试坐，就能满足每个人的个性化需求。有人说每家店里慢慢试，不是跟线下实体店一样吗？不一样。商品来源是不一样的。在元宇宙里，我们可以先提需求，自动在全元宇宙空间里全方位自动搜索出不同产地、不同价格、不同设计师的商品供我们选择，我们可以提前筛选，选择几款有购买意向的办公椅，把它们放在一起，一个个进行实体对比，虚拟数字人试坐，感受舒适度。这个椅子可以是从美国“映射”来的，也可以是从中国宁波“映射”来的，我们只负责选最符合自己需求的那一款。我们甚至可以直接向全球设计师提出定制需求，先在虚拟空间试坐，合适了再线下生产。

第四，下单。元宇宙里挑选好了商品，该下单了。元宇宙里下单购买的商品，不是只能在元宇宙里使用，而是可以在现实生活里真正收到。

同时，我们还可以在元宇宙里邀请虚拟世界的朋友一起逛街，可以与全球任意位置的朋友随时“相聚”。也许是相距很远的老朋友，比如，一个中国武汉的人可以和美国纽约的朋友一起去法国巴黎逛街。也许是刚刚认识的新朋友，也许是现实生活中已经不在了的朋友。我们就像现实生活中逛街一样，可以感受到衣服厚薄的真实触感，感受一杯奶茶的温度，感受商品的实际使用感受。元宇宙的现实感，会让我们觉得真的是跟朋友在一起，看到他们的面部表情、肢体动作，感受和朋友在一起的乐趣，拥有真实的购物体验。

如果两个人在现实生活中有时差，又如何在元宇宙里相遇呢？这个问题也能解决。在元宇宙里，时间不是与现实社会完全一致的，是有限度“可控”的。我们每个人可以选择自己现实生活中有空的时候去逛街，在元宇宙里反映的却是彼此合适的时间。

元宇宙购物无疑在很大程度上扩宽了全球各地零售店的销售渠道，可以迎接全元宇宙“居民”的亲临，一个个“居民”代表现实生活中的人。元宇宙将我们和全球商品都连在了一起，我们都有选择权。而在时尚产业，虚拟时装店和各大品牌，未来也都有机会进入一个全新的数字服装市场。全球各种不出名的商品也可以在元宇宙里大显神通，来吸引顾客。

元宇宙购物不再区分线上线下，打破虚拟世界与现实世界的界限，都实现了购物闭环。同时，元宇宙的商铺可以 24 小时不打烊，线下商铺营业员下班，但是线上商铺一直开着，对于上班族来说也很方便。

对用户来说，元宇宙购物可以提供更多选择。我们可能会买一些现实生活中不会购买的东西，将拥有商品的永久持有权，尤其是在虚拟世界使用的商品，如游戏里买的自定义皮肤、某套服装等。现实生活的游戏世界里，不同的游戏 App 里买的装备不能共享，但是在元宇宙里，这些商品将会一直伴随着我们，伴随着我们随意切换，实现更广泛的使用。

元宇宙除了实体商品外，还有大量的数字商品会促进数字商品的有形化。人们同时生活在现实生活和元宇宙，现实世界与虚拟世界交织会影响两个空间的商品。

（三）你能够在元宇宙中放心地消费吗

元宇宙经济是数字经济，在未来将会面临巨大的机会与挑战。元宇宙世界那么丰富多彩，可以让每一个人在里面自由翱翔。但是在元宇宙中消费存在两个层面的安全问题：其一，个人消费行为是否安全，会不会像现实社会使用 App 一样，存在过度收集个人信息的隐患？个人信息会不会被滥用？私密信息、敏感个人信息会不会存在泄露风险？其二，消费交易过程安不安全？会不会钱交了，却收不到货？商业数据信息安不安全？因此虚拟世界的数据隐私与消费安全同样重要。

2003 年 5 月 10 日，淘宝网成立。那时网络上购物没有现在这么便捷，因为商品没有现在这么丰富。

元宇宙与现实世界相互关联，每个人在元宇宙中都拥有虚拟身份，用以建立虚拟世界的社会关系。数字创造、数字资产、数字市场和数字货币是元宇宙的四个关键点。数字商品的创造、交换、消费等都会在元宇宙中进行，当我们拥有这些数字商品，数字商品就变成数字资产，整个消费过程是在数字市场通过数字货币实现流通的。所以这 4 个关键点支撑着元宇宙的经济体系，满足每一个人的数字消费需求。当然，数字资产不仅仅指拥有多少数字商品，还包括每个人的身份数据信息、拥有的货币和其他虚拟商品、在元宇宙设计的内容，等等。因此，自身隐私、数字资产安全、数字物品所有权是重中之重。

要解决用户自身隐私和数据资产安全，区块链技术可以提供突破口。区块链是一种分布式的存储技术，去中心化、可以溯源、不可篡改资料、自治生态是它的基本特征。它是一个去中心化的互联网数据库，任何人都可以核查数据，但不能篡改数据。通过加密算法，区块链技术为人们提供了一种新的信任和协作机制，建立非信任环境中的信任体系，推动元宇宙的用户经济，为元宇宙经济贡献力量。

区块链技术使每一个元宇宙用户或组织都能获取唯一的元宇宙流通数字通证（Digital Token），即可流通的加密数字权益证明。数字通证是发布在区块链上，以电子数据形式存在的一套算法或加密数据。元宇宙用户或组织的各类资产都可以借助数字通证，将重要价值、重要权益“通证化”，在区块链系统中以最快的速度、更低的成本广泛流转，实现“通证经济”（Token Economy）。

区块链为元宇宙提供认证机制。元宇宙用户获取元宇宙流通数字通证后，可以安全的身份参与元宇宙，还能够使用数字资产的数据，使元宇宙用户的数字资产在各个子元宇宙中无阻碍流转和交易，元宇宙中商品的价值归属、流通、变现通过虚拟货币实现，或者以数字资产为基础作商业模式上的探索。这将大大丰富元宇宙的用户经济体系，促进形成庞大的元宇宙经济体系，使在元宇宙里创造一个与现实社会平行且同样复杂的经济世界成为可能。

在元宇宙中，到底如何实现安全交易的过程？这里可以用 NFT 来解释。什么叫非同质化呢？这个非常绕口。先来说说同质化。举个例子，你有一元钱，我也有一元钱，没有什么区别，而且可以互换，这个就叫同质化。一模一样的事情在好多地方都存在，比如，我们打开

Word 文档，执行 CTRL+C 与 CTRL+V 操作，可以复制一段话，两段话没有任何区别，这就产生了一个同质化的文件。

数字化的世界里所有的内容都可以被无限复制，随意的复制会给数字化世界里的商品带来一定的问题。因为都可以复制、下载，很难体现数字物品的所有权。数字物品也就很难体现出价值，也很难实现价值。比如，一幅数字绘画作品，它的交易该怎么实现呢？一旦交易，内容本身就可能被复制和下载，很难衡量这幅数字绘画作品到底是被谁收藏，也就是难以确定所有权。所以我们需要独一无二的货币，来完成这样的交易，基于区块链的 NFT 就可以解决这个问题。

NFT 基于区块链技术，具有唯一性、不可复制、不可分拆的特性，是可锚定现实世界中物品的数字凭证，也是可锚定元宇宙中物品的数字凭证。NFT 的这些特性造成了它具有天然收藏属性。因此它从诞生起，就能与特定的数字商品建立唯一的映射关系，能够映射到特定资产，用于记录和交易一些数字资产（如游戏皮肤、游戏道具、装备、虚拟地块、艺术品等）。NFT 就是一个万物智能数字身份证，这个身份证还获得了全球范围内的认可。

我们再来看一看元宇宙中 NFT 交易是如何实现的。先用现实生活中线上交易的例子进行一个对比。比如，我们在外卖 App 上点一份晚餐，下了单以后我们会选择微信支付或支付宝在线支付。当外卖送达以后，我们就可以享用美食，这个时候整个交易过程就完全结束了。在这个交易的过程中，首先我们在外卖 App 上进行产品选择，付款时外卖 App 直接跳转到付款界面，输入支付密码，会出现一个订单号和金额的显示界面，也就意味着只有当我们同意付款以后，系统才能完成整个交易。如果在交易过程中出现矛盾纠纷，还可以查询交易转账记录来进行解决。但是这里存在一个问题，所有的付款都需要支付软件，而支付软件又过于集中，就那么几种，也就是我们常说的“中心化原则”。中心化会带来什么后果呢？一旦这些软件以后不使用，所有的消费记录就都没有了。

而元宇宙中的 NFT 交易和这个流程有相似的地方，也有很大的区别。我们将所有的交易内容或者数字商品用 NFT 表示。NFT 这个“身份证”携带着具体的商品相关信息及价格，进行交易时用加密货币来支付。当我们确定支付时，用户信息向区块链上申请一个签约，向全世界“广播”宣布这个交易。“签约”的过程，就是去中心化的过程，因为全世界都知道了，就不需要中心“监管”了。

如何“签约”，实现去中心化呢？要知道，区块链上交易虽然已经付款，但是合约并没有在区块链上立即生效。要想让这个合约生效，需要全世界在链上的计算机花几分钟时间来共同求解一道数学难题（哈希值），一旦解出答案，合约就即时生效。这个链条也就打包封装完成，所有的计算机都记录并存储这个链条，然后再去做下一道“数学难题”。这个过程叫作“挖矿”，所有的计算机就是“矿工”。对于解出正确答案的计算机用户，系统会给出一定比例的加密货币作为奖励。

整个支付完成后，会得到一个智能合约的加密代码，这个加密代码就是拥有元宇宙商品的凭证。这个凭证是全世界在链上的计算机都曾参与计算并承认的，都“留痕”了。如果有人想伪造或者篡改凭证，就需要篡改世界上 50% 以上的计算机记录，这几乎是不可能实现的事情。即使有一天一台或者多台计算机坏了，也不影响交易的完整性，因为它不足以撼动全局。这就是利用区块链的公开性、加密性实现去中心化。

签约签的就是“智能合约”，从技术的角度来解决陌生人的信任问题，即使没有第三方作担保，但是有全世界的计算机作“监督”。智能合约的优点显而易见，它去除了中间人环节，降低了信任成本，加快了合约验证和执行的进程。智能合约基于程序代码实现，一旦部署到区块链，不允许被人更改，排除了人为干预的可能性。智能合约运行于分布式区块链系统之上，也具有其他一切分布式系统的优势，数据安全和高可用性得到了很好的保证。[1]

元宇宙交易的过程，简言之，即 NFT 将交易内容或数字商品的所有权信息、交易流转记录等标记在智能合约中，并在区块链上生成一个无法篡改的编码，形成所有者的权利证明，有效解决了元宇宙空间数字资产确权的问题。元宇宙用户通过简单的操作就可以买卖自己所拥有的 NFT，实现交易的流通。

在元宇宙中交易的数据内容，从发布、交易到再次流转，都有唯一的识别码，而且在这个完整的交易链条上，还能进行追踪溯源。如果数字商品被多次交易，即使创作者没有亲身参与交易，也能获得一定比例的佣金，这能够使创作者的收益最大化。不像现实社会中的交易，一旦交易完成，后续跟创作者就没有一点关系了。

---

1 参见范吉立:《区块链系统中智能合约技术综述》,《计算机科学》2019 年第 11 期。

除了元宇宙用户创造的商品以外，还有元宇宙体系内的各种服务、道具等都可以实现资产化。元宇宙为用户带来沉浸式交互体验的同时，还衍生了更加丰富的消费内容及公平的创作平台，为在元宇宙内生产、流通、分配、交易提供更多的想象空间与可能性。因此，元宇宙需要一套包含用户身份、数字创造、数字资产、数字市场和数字货币等方面的标准协议，还需要形成将数据内容所有权化、资产化的机制，从而形成一个公平、公开、透明交易的经济系统，可靠的经济系统是维持元宇宙运行的重要一环。

NFT 可以为元宇宙的数字商品提供一个独一无二的身份编号和可验证性，使数字商品都被打上特有的标签，赋予特殊的意义，从而成为不可分割、不可替代、独一无二的东西。加密货币、智能合约，保障数字商品的价值归属、流转、交换或交易，通过智能合约便捷地管理、监控和运用每一个资产。还有 DAO、DeFi 等区块链技术和应用，将激发元宇宙用户的创作热情，建立元宇宙去中心化的清结算平台和价值转移机制，提供一套被广泛认可的标准和协议，为元宇宙经济提供技术平台支撑。

有了交易，就有了经济活动，元宇宙就能够真正运转起来。经济系统是元宇宙的关键，也是基础。元宇宙经济能实现“计划”与“市场”的统一，这一对现实社会经济中的矛盾体，在元宇宙空间得到了空前的统一，元宇宙经济里的“计划”不是“市场”决定，而是元宇宙算法和大数据技术“算”出来的，“算”出来商品到底有多大的需求市场，可以定什么样的价格，使信息不对称造成的影响大大降低。技术能推动整个元宇宙经济系统的蓬勃发展，元宇宙经济系统的繁荣与稳定不亚于现实社会的经济系统繁荣与稳定，使我们能够在元宇宙中放心地消费。

10

创作，
不再有条件限制。

在网络上创作的人可能是艺术家、设计师，也可能是其他拥有一技之长的人，他们都想将自己的爱好变为职业。于是，出现了一群拥有大量粉丝的“大 V”，他们有的是经济学家，有的是教师，有的是健身达人或者非职业音乐人等。他们在网上将自己的创作展现给大家，得到了网络民众的喜爱，因此被关注、转发和学习等。这些“大 V”就是成功的创作者，他们创作的内容获得了广泛的认可。不过，网络中的创作之路并不容易，成功的人可能只占 1%，99% 的人并没有获得成功，因为创作同样会受到很多限制。

（一）你的创作受到限制了吗

如何保证作品的专利权？互联网上最容易发生的事情就是你呕心沥血完成了一个作品，明天就可能被无数人复制粘贴，加上一点点修改，就成了别人的创意。对于那些将爱好作为职业的人，这很残忍。互联网上你的每一幅图、每一段文字或者每一个数字都可能被别人引用，有的人甚至理直气壮地将其当作自己的作品。如何才能保证你的作品内容都有专属于自己的版权，这在元宇宙的创作中显得尤为重要。

令人高兴的是，基于区块链技术的 NFT 正在重建创作经济体。NFT 在整个虚拟空间都是独一无二、不可替代和分割的，它类似于社会中的身份证、银行卡等，独一无二地标识每个人、每个账户。当你的作品被赋予一个独一无二的 NFT 时，这个作品的知识产权也就确立了。它利用存储在区块链上的数据单位作为某一作品的独一无二的数位物品，无论作品是被转卖还是复制使用，原始的数位都能证明其为创作者。当然，这个独一无二的 NFT 数位也不能与作品内容分离，如果分离，作品内容就无法看见。NFT 已经点燃了艺术圈的热情，数字视觉艺术家 Beeple 的作品《日常：最初的 5000 天》（*Everydays: The First 5000 Days*）以 NFT 形式在佳士得拍出 6935 万美元的天价；美国 NBA 球星库里以 18 万美元的价格购买了一个基于 NFT 的猴子图像作为自己的社交账号头像；阿里也推出了 NFT 付款码皮肤等，这标志着国内的互联网巨头也纷纷加入 NFT 战局。NFT 给予创作者独立于平台的内容售卖机制，创作者只需要将内容创作出来，利用 NFT 形成专属的专利标识，任何人使用或者购买都可以利用 NFT 交易。NFT 还具有独一无二、不可分割的特性，这使创作者的作品具有可追溯性和独立性。当然，NFT 的法律支持和跨平台支持都需要进一步完善，目前还存在 NFT 提供者出现平台故障、NFT 支持失效的情况。另外，不同的 NFT 生产者之间相互通用的问题也是元宇宙未来亟待解决的问题。总之，NFT 让创作者的内容变得独一无二、不可篡改、不可销毁，也让内容变得更有价值，为元宇宙的创作构建了底层经济基础，使元

Beeple 的 NFT 数字艺术品
《日常：最初的 5000 天》

Beeple

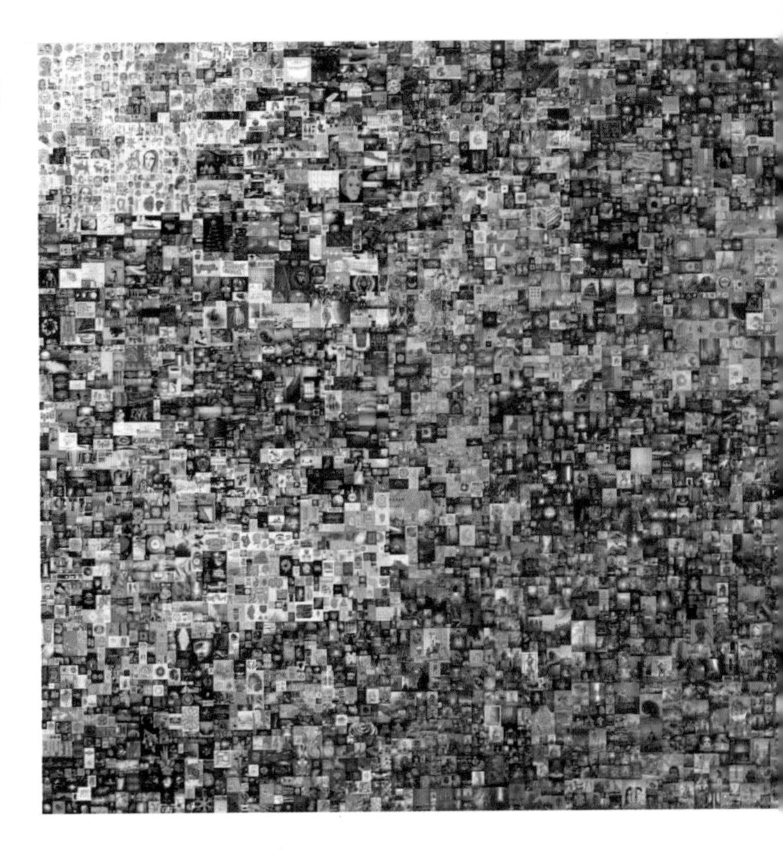

宇宙中创作的作品有了归属权和交易方式。

1. 创作手段怎样更加友好？元宇宙让现实与虚拟空间之间的界限模糊，未来的创作者群体不仅是一群年轻人，它可能涵盖了从小孩到老人的各类创作群体。传统的创作平台和交互手段依然限制着老人和小孩的参与。目前互联网内容创作和分享的平台较多，主要包括自媒体、短视频、动漫、小说、播客、音乐、直播和新闻评论等多种类型。尽管这些平台尽量简化了操作，提供了简单的操作界面，但对不经常使用电脑的老人和小孩仍然不够友好。创作者们仍然需要学习大量操作，通过反复练习才能慢慢掌握创作的技巧。这些创作平台也不得不提供大量视频供大家学习，试图尽可能教会大家在平台上创作，这严重影响了人们在网上的创作激情。特别是对于一些老人和孩子，这些创作平台没有针对性地提供更加有效的交互界面帮助创作者进行创作，他们好像被新技术放弃了，但事实上这些充满想象力的孩子和具有丰富阅历的老人也能创作出具有冲击感的作品。元宇宙如何提供更友好的创作手段，让每个用户能真实地拥抱元宇宙，这是一个非常值得关注的问题。

2. 如何构建一个更好的交易环境？利用 NFT 可以让原创作品的归属得到保护，但是元宇宙中并没有法律、权利和责任，如何让创作者更有归属感和责任感？必须构建一个良好的交易环境，让创作者享有权利、履行义务，注重作品的价值和声誉。有专业人士提出，利用经济模型将创作经济三要素紧密联系起来。创作经济三要素分别是治理、使用和再创造。其中，治理是指由作品的创作者与其他元宇宙参与者共同决定作品的价值；使用是在治理的基础上，获得使用权的消费者可以将创作者的作品无差别地应用于自己需要应用的场景中；再创造是指创作者可以根据用户需求和技术的迭代不断升级作品。在这种经济范式下，创作者由传统基于平台分享红利的模式逐渐转变为基于创作内容本身的直接交易模式，如过去是哔哩哔哩短视频平台等给创作者分红利，这将会改为由作品交易决定收益。这就要求元宇宙的作品必须具有身份标识系统，让创作者更加关注自身的权利和行为责任，重视自己身份的价值与声誉。当前，许多技术公司正在构建基于区块链上的身份标识，这将给元宇宙的创作者带来福音。同时，创作者也须认识到，自己在元宇宙中的任何行为都会被关联到自己的身份标识下，创作者的行为也决定了公众的评价，这会给其作品带来更多价值和声誉。

3. 如何应对元宇宙创作带来的新挑战？第一个挑战，元宇宙需要给用户带来沉浸式体验和类似真实世界的反馈。在元宇宙中，所有居民不仅需要得到视觉、听觉反馈，而且触觉、味觉也需要得到反馈，这为创作者的创作提出了更高要求，创作的内容及场景需要震撼的也许不仅仅是心灵，还有他们的视觉、触觉或听觉等。第二个挑战，创作者如何应对创作浪潮。元宇宙中的居民既是消费者，也是创作者。他们有的是业余爱好者，有的是专业从业者，大家都在努力让自己的作品得到他人的认可，这给创作者的创造力和竞争力带来了巨大考验。创作者只有充分分析自己作品的消费对象，能给他们带来不同于其他作品的震撼效果，才能让人记住和使用这一作品。元宇宙时代不是作品缺乏，而是作品泛滥，那如何创作最优质的作品就是创作者必须面对的挑战。第三个挑战，创作者需要一专多能。元宇宙创作者不仅仅需要创作优质的作品，还需要为作品创造一个完善的生态系统。因此创作者需要具有跨学科背景和多种技能。

4. 如何创作更有交互性的内容？当前，互联网的社交、娱乐、媒体等内容的创作都以文字、图片、声音或视频等为主要载体。这些载体的主要特点是单向流动，即用户只能通过视觉或听觉感知内容，内容消费者缺乏参与感，难以通过双向交互获得更多感知，并使内容成长。对内容消费者来说，一切都是被动的，对内容的理解也会有偏差，因为自己所看见或听见的内容都是创作者想让自己看见或听见的，而不是自己想知道的、体现自身需求。在元宇宙中，创作的内容将会更具有交互性，会体现内容消费者的需求，会与内容消费者交互，使内容在交互感知的过程中成长。

尽管元宇宙的创作面临着许多问题，但这些问题也正引起技术、法律、伦理等领域的人的关注，并寻求相关的解决方案。相信元宇宙时代的创作将不再存在限制，每个创作者都可以放飞自己的想象，创作出令人满意的作品。

（二）在元宇宙中放飞你的想象

清华大学新媒体研究中心在《2020—2021 年元宇宙发展研究报告》中提出虚拟现实补偿论，认为人们总想实现虚拟世界，补偿在现实世界中的缺失，这表明人类创作虚拟世界是永恒的冲动，也是社会发展的必然。人类以自我为中心，向外探索物理世界和宇宙的奥秘，向内探索人类自身的秘密，而元宇宙是人类对内在自我和外在空间不断探索的统一，事实上也是人类文明的必然产物。在元宇宙中的创作不仅仅是网络内容的创作，更是一种社会体系的创作，是人类实现外在与内在统一的具象空间。

1. 元宇宙的创作再无边界。传统的创作主要集中在微信、微博、小视频和视频直播等方面，创作者只能依赖平台传播，构建内容分享生态。但元宇宙是一个虚拟社会，有自己的经济体系，元宇宙中的创作不再局限于内容的创作，可以面向特定的群体，创造一个生态系统。在这个生态系统中，元宇宙参与者不仅可以消费你创作的内容，还能反哺生态系统，为生态系统提供养料。甚至创作者可以将在现实中想做但因为经济或其他条件不具备而未能做的事，在元宇宙中创作出来，在元宇宙中的成功又会影响现实世界人们的认知，使现实与虚拟空间的创作再无边界，相互影响。在当前的互联网上，已经出现了许多由网络影响现实的案例，例如，无名歌手将作品放在网上获得大量粉丝，成功影响线上线下人气，这些人被称为“流量歌手”，还有一些网络名人利用线上影响开展线下教学讲座等。他们都是利用线上创作获利成功，从而进一步影响线下活动。当然，也有一些名人利用已经获得的名声在网上吸引人气。未来元宇宙中两者的边界将进一步模糊，内容的创作将不再有边界限制，任何用户都可以将自己的创意在元宇宙中实现，等待播种耕耘后的果实。

2. 元宇宙的创作再无门槛。元宇宙的居民生活在一个没有空间域和时间域的世界里，感觉不到时间的流逝和空间的分隔，但他们无论是在现实中还是在元宇宙中都需要得到社会的认可，获得自我实现需求的满足。特别是在现实世界无法满足创作欲望的情况下，他们更想在元宇宙中创造一个自己想象的世界，建立自己期望的社会。元宇宙的创作与现实世界的创作不同，不需要反复练习手艺，也不需要长期的积累和各种条件的支撑。他们只需要发挥想象力，点击鼠标、敲击键盘，就能够建立起自己想象的世界。当然，这首先要求元宇宙能够降低创作者使用创作手段的门槛。当前流行的视频创作网站，仅仅是方案、脚本、剪辑和配图等一系列过程，就将很多想进行视频创作的人挡在门外。元宇宙中应开发足够的技术和工具助力创作者。许多技术公司已经开始提前布局，利用人工智能、大数据、虚拟现实等技术助力创作者创作。2019 年 4 月，百度就利用人工智能技术为创作者提供智能创作平台。百度智能创作平台可为创作者提供自主创作和辅助创作平台，自主创作可以直接生成文章，不需要人为干预，辅助创作可以帮助创作者收集归类素材、创作润色和自动对外发布作品等。这些都极大地减少了创作者的创作负担，降低了创作门槛，使创作者可以将精力集中在核心思想和主要内容的创作上。元宇宙是一个全民参与和全民创造的空间，各领域将竞相发展，使创作者职业更加广泛，创作领域将不得不被细分深耕，打破现在技术巨头垄断各种市场的局面。在元宇宙中，许多技术小企业将根据细分的创作领域开发降低创作门槛的技术和工具，满足特定领域的创作需求。2021 年，游戏平台公司 MetaApp 发布了一款 3D 沙盒游戏编辑器 Meta World，它为游戏创作者提供了游戏内容编辑工具、上线管理、流量和数据分析等工具和技术，实现了从制作、发布到管理一条龙的游戏创作生态。元宇宙概念游戏制作工具 Game Creator 融资千万，自 2020 年 4 月上线以来，已经有超过 5000 名创作者进行游戏创作，有人创作的游戏甚至已经获利百万。而前面提到的元宇宙概念第一股 *Roblox* 作为游戏创作平台，已经吸引了超过 700 万名自由游戏开发者。这些平台最大的优势就是通过为游戏创作者提供简便的创作工具和方式，降低游戏创作门槛。元宇宙是一个由所有用户共同建立的新宇宙，游戏仅仅是当前元宇宙的热点创作领域，未来会有更多的创作者在不同的创作平台，使用各种创作工具进行不同内容的创作，创作不再有技术门槛、工具门槛和其他限制。例如，入局较早的腾讯，根据视频行业的发展，正在为创作者打造行业领先的智能剪辑工具包和一站式素材服务，并通过利用

沙盒游戏 Roblox

Roblox 游戏截图

智能技术加速作品内容的分发、审核，保护创作者的作品。这种为创作者提供快速创作服务的方式将是未来元宇宙技术平台的主要生存方式，使创作再不受技术、工具和运营的困扰。唯有不断创作的元宇宙才富有活力，但只有降低创作门槛，才能涌现更多更好的创作。

3. 元宇宙再无平台垄断。互联网上的创作平台正在被互联网技术巨头所垄断，他们正在左右创作者的创作内容，引导内容消费者的消费习惯，资本让个性化创作在互联网上没有生存空间。例如，一些平台和抖音抽取了创作者应得的大部分收益，使创作者失去了创作热情。

自由创作和开放平台是元宇宙的基础，但当平台开发者运营创作内容时，平台就失去了客观性和开放性，它就不可能做到兼容并包，而是只会倾向那些能够给平台带来利润的创作，对于不能带来大量流量的创作往往选择视而不见。事实上，一个专门运营游戏的平台或者网络小说的创作平台并不是元宇宙，即使像Roblox这种游戏创作平台也不是真正的元宇宙。元宇宙一定是一个充分体现身份、财产、社会关系和能获得感知体验的社会群体。换句话说，Roblox如果以游戏作品为财产，构建游戏玩家、游戏创作者和平台拥有者等共同组成的社会关系和经济关系，并能在关系交互中获得真实反馈，那时候Roblox就成了一个基于游戏应用的元宇宙，成为多元元宇宙的一个组成部分。

在元宇宙中，平台、创作和元宇宙的构建应该是既相互独立又相互协作的。在元宇宙中，每个平台的创作者都是独立的，他们的作品可以在不同平台上被引用，但都归属于创作者个人，与平台本身无关。就如利用NFT给每个作品加上归属权标签，无论作品投放到哪些平台，作品的创作归属权都是唯一的。平台只为创作者提供创作的技术和工具，当然也可以利用技术和工具的优势获得创作者的经济回报。创作者可以将自己的作品交给专门的代理或者自己组建团队进行营运，获得作品创意的回报。可见，元宇宙更接近现实社会，在元宇宙中创作则更自由，他们可能不需要为了获得报酬而创作，而是为了创作而创作。这将彻底改变当前内容创作平台利益分配不当的问题，一些社交平台拿走作品高达80%甚至90%的利益，使创作者的利益未能得到充分保护。一些创作者甚至由于利益分配与平台产生矛盾，最终不欢而散。还有一些平台为了获得更多利益，不惜违背创作者的意愿，进行商业化包装。在元宇宙中，作品归属权、平台的责任和作品代理者之间的权利和责任与现实社会更加接近，而在作品归属权获得保护的情况下，平台也将失去垄断地位，成为专注于行业领域内技术和工具的开发者，而创作者则更加自由。

4. 元宇宙更易进行去中心化协作创作。元宇宙是一个去中心化平台，创作者不再归属于一个平台。未来的平台可能由某些志同道合的人共同创建、共同构建的一个应用生态。首先，在创作者与消费者之间、消费者与消费者之间形成信任关系，共同完成作品创作。其次，平台与创作者、消费者之间形成信任关系，平台通过开源等手段使参与者共同完成对平台的技术更新和业务优化，形成对等互信的关系。最后，创作者之间能够形成轻量级的合作，形成合作共赢的互助关系。去中心化协作的基础是建立在区块链技术基础上的智能合约，在元宇宙的应用生态上构建一个可使大家形成互信的合约，以增强互信。但参与者的协作需求并不完全相同，每个参与者应该有权利自己定义行为、组织和支付方式等，最终所有参与者之间形成一个公约，构建一个大家都承认的方式。

去中心化协作在支持参与者彼此信任的同时，也进一步提高了跨领域协作的可能性。2020 年春，新冠肺炎疫情暴发时，流行病专家、医护小组、医药生产者和志愿者等，在不同领域以松散的方式实现跨域协作，完成抗击新冠肺炎疫情这一个共同目标。跨域协作在这个领域细分的社会变得尤为重要，在元宇宙中更是如此。元宇宙正在无限地接近物理世界，甚至超越物理世界，现实的社会关系、经济方式都将在元宇宙中得到体现。因此，去中心化协作是在元宇宙中实现跨域协作的主要方式，会衍生出一套系统的解决方案。

5. 元宇宙正在创新内容载体。元宇宙应用的突破口是游戏、社交和沉浸式内容。沉浸式内容也是元宇宙创作的核心，是创作者想象力和创造力的体现。但沉浸式内容不仅应带来视听上的共鸣，还应具有交互性和生长力，能够与内容消费者产生互动，根据内容消费者的需求不断迭代更新。在元宇宙中，内容创作者和内容消费者通过沉浸式设备，利用沉浸式平台提供的技术和工具，关联在一起，两者彼此融合。例如，未来游戏玩家可能以虚拟数字人的身份参与游戏中，你会感到不是在玩一个游戏，而是在一个真实世界里完成一项工作。如果你是音乐创作者，你可能真实地置身于一个音乐工作室，在那里用乐器演绎着你的创作。利用文字、图像、视频或声音彰显内容的传统方式，都会向沉浸式体验内容、交互性内容转变，能给消费者参与感和交互感。例如VR“慢直播”给新闻直播带来不同的用户体验，创作的“两神山医院建设”采用VR高清拍摄设备，实现大型事件高清新闻直播，带来新闻报道全场景、可视化的体验。

在未来，利用VR设备还可让新闻关注者仿佛身临新闻报道的现场，与记者实时互动，充分体现内容消费者的参与感和交互感。Euronews是VR新闻的先驱，2016年起开始打造VR新闻，是制造沉浸式体验的新闻媒体。例如上海一家沉浸式体验餐厅，将大唐的文化与美食创意紧密相连，形成集视觉、听觉、味觉、嗅觉、知觉一体的沉浸式美食体验。基于沉浸式体验的内容创作将带来无限张力，将利用文字、图像、声音等表象记录内容的表达方式，迅速推向基于内容的内在系统逻辑、类比或其他内在表现的表现形式。在元宇宙中，每个创作者都不只是输出文字、图片或者视频，他们将想表达的内容围绕沉浸式体验进行创作，并充分考虑内容消费者的参与感、交互感。未来，元宇宙的参与者还可以通过生物识别技术和传感器技术收集他们在阅读内容时的节奏、情绪、偏好等，通过分析这些信息，构建基于参与者反馈的故事情节和叙事方式，即内容的呈现与受众息息相关。

6. 元宇宙的沉浸式创作。沉浸式创作是将创作内容与 VR、AR、全息投影（HP）等数字技术紧密相连，以内容创意为主导，利用数字技术使内容消费者获得参与感和交互感。目前，发展较快的沉浸式创作产业主要集中在以下几个方面：一是沉浸式文化旅游，利用 AR 技术、VR 技术、光影技术等，开发数字展馆、虚拟景区、数字导游等文化旅游线上服务，使用户可以在线上沉浸式体验当地文化旅游，推动当地文化旅游产业的发展。例如，2013 年公演的大型实景演出《又见平遥》为国内沉浸式演艺开了个头；2017 年 10—11 月上海欢乐谷推出的“高科技万圣节活动”，利用虚拟现实技术让游客体验险象环生的高原雪域吊桥。这些沉浸式体验也推动了线下文化旅游产业的发展。当然，

大型情境体验剧《又见平遥》

中新图片 / 张云

除了沉浸式演艺、沉浸式主题公园外，一些文化旅游单位还推出了沉浸式夜游、沉浸式展览、沉浸式餐厅等多种体验服务。二是沉浸式娱乐。2021 年 6 月，英国乐队 Easy Life 与游戏平台合作，为游戏玩家呈现了一台全新的虚拟演唱会。在沙盒游戏《堡垒之夜》的创意下，演唱会的每一首歌都有不同交互场景和转场方式。在互联网时代，人们体验音乐的方式依然比较单一，音乐消费的场景和渠道仍然受平台限制，极为被动：不付费，平台就不提供音乐；付了费，也只能按照平台提供的方式享受音乐，你没有参与感，也缺乏主动权。但是在未来，沉浸式娱乐将会带来不同的音乐盛宴。三是沉浸式游戏。沉浸式体验是创作第一阵地。*Roblox* 和 *Minecraft* 等沙盒游戏为游戏玩家、游戏创作爱好者提供了广泛的参与度。游戏玩家和游戏创作爱好者可充分发挥自己的想象力，创作沉浸式体验游戏。

除此之外，还有沉浸式教育、沉浸式商场等多类沉浸式产业正在被重新塑造，但其核心仍然是创意。技术与创意的结合正在重新塑造各行各业，而元宇宙提供的低技术门槛、构建的统一身份认证体系、以虚拟代币和产品专属权为核心的经济体系共同奠定了元宇宙创作和交易的基础。在元宇宙中，可以利用 AR、VR、脑机接口等技术提供的装备，不仅让用户专注于产品创作，还让创作者更加专注于实现自己的创意。利用脑机接口，只要能想出来，就能创作出来，技术已经不再是限制你创作的门槛，创意才是。

元宇宙是一个被创作的全新数字世界。元宇宙是一个多元宇宙，也是一个精神和物质高度统一的数字世界，这个世界是由所有元宇宙居民共同创作的，是元宇宙居民物质和精神的双重体现。在这个数字世界中，创作者和消费者一样多。创作者将作品转换为数字资产，具有了物质属性，同时也满足了自身的精神需求；消费者为满足精神需求获得对方的数字资产，因而产生了数字交易，也逐渐构成了数字世界的经济关系。对于所有创作者来说，一段文字、一张图片、一段视频都是自己的作品，它们的价值由消费者确定，消费者愿意为之消费，作品的创意也就得到了认可。创作者在元宇宙可能没有太高的边际成本，消费者的认可是作品成功的唯一标准，因此除了作品本身，还需要创造作品与消费者互动的方式，让消费者在与创作者的互动过程中接受作品。在这个过程中，消费者与创作者共同构成了一个一元宇宙，这个一元宇宙是整个多元宇宙的一部分。事实上，元宇宙是由所有元宇宙参与者共同创造的，所有体现物质属性的作品都由元宇宙的参与者创作的，所有的经济关系都随着元宇宙居民之间的交易而建立，元宇宙成为一个全员参与创作的全新数字世界。它是现实世界的物理延伸，也是现实世界人类的精神产物。

（三）你的创作影响了真实世界

元宇宙是一个被创造的虚拟平行世界，它正在模糊现实世界与虚拟世界的界限，每个元宇宙居民创作时，都是将现实映射到虚拟世界。虚拟世界的创作会影响现实世界吗？当今互联网时代已经给出了肯定的答案，在元宇宙时代答案会更加肯定。元宇宙的创作给世界带来有益的一面，同时带来许多不利的方面，它正在逐渐改变人们的现实生活。

网络游戏会毁掉孩子们的未来吗？网络游戏是元宇宙创作的第一阵地，随着创作元宇宙游戏的人越来越多，会有更多有创意的游戏被创作出来。但网络游戏对孩子们的影响也不容小觑。据统计，2020 年中国 62.5% 的未成年人经常玩游戏，其中 13.2% 每日超过 2 个小时，而 30 岁以下游戏玩家占整个游戏玩家的 50% 以上。许多专家认为网络游戏的弊远大于利，国家甚至专门出台政策，规定游戏平台只能给孩子们每周固定的游戏时长。多数人认为，沉迷游戏的孩子情绪极不稳定，易暴易怒；他们不愿意真正地融入集体生活，缺少朋友；同时，经常玩游戏会影响孩子的身体和心理健康。2020 年春，新冠肺炎疫情暴发后，孩子们在家中通过网络上课，多少家长面对孩子乘机玩网络游戏或者网上冲浪而心急如焚。尽管也有很多专家认为，玩游戏能够使孩子与同龄人更友好地相处，能引导孩子训练思维，帮助孩子成长。在未来的元宇宙，游戏变得更有针对性和社交性，但如何平衡孩子游戏、学习和生活的关系仍然是一个挑战，毕竟未成年人还没有足够的理智管理自己，这是元宇宙的游戏创作者在创作游戏内容时和建立游戏生态时需要思考的问题。

1. 网上社交改善了我们的人际关系吗？在社交媒体上发布自己的日常生活和工作状态，为朋友发布的朋友圈点赞，评论朋友原创或者转发的信息等，成为网上社交的重要内容。有观点认为，这些社交媒体将相熟的朋友紧密地联系在一起，甚至更容易将陌生的人变成朋友，但事实真是如此吗？ 2016 年，Toluna 进行了一次网上调查，共有 16750 名网友参与，得到了以下结论：一是 61% 的人会在网上发布让人感到心情愉悦的内容；二是 57% 的人总觉得其他人比自己过得幸福；

三是仅有31%的人不在意自己发布的内容所收到的点赞数量，大多数人如果没有收到期望的点赞数量会感到难过或担忧；四是有1/3的人认为因为网络社交减少了与家人面对面交流的机会。现实生活中，与朋友或家人聚餐时，很多人成为“低头一族”，忽略了面对面交流带来的信任、真情实感和日常交往的快乐，使现实的社会关系愈加冷漠和疏离。元宇宙的沉浸感是否会带来同样的负面影响，暂未可知。但唯一可以肯定的是，无论虚拟网络多么真实，现实社交仍然是社会关系的基础，虚拟社交仍然不能替代真实的社交，但目前的网络社交正在侵蚀现实生活中的社会交往。

2. 自媒体会带来真相吗？自媒体让信息传播更快的同时，也对信息的真实性判断带来了挑战。在信息不对称的时候，虚假信息直接影响人们对真相的判断。在元宇宙时代，虚假创作是否也会充斥整个元宇宙，是否也会影响人们对现实的判断或法院的公正裁决？有人认为，元宇宙通过给每篇文章增加专属权标识，证明其作者归属权的同时，也会带来更负责任的报道，但仍然难以杜绝大量故意创作的虚假报道。因此，元宇宙自媒体创作能否带来真相，仍然是一个重大挑战。

3. 网络暴力如何破解？作为互联网的原住民，很多人都感受到了网络暴力的存在。2020年7月24日，在东京奥运会遭遇步枪比赛失利的王璐瑶因为赛后在微博发布一张自拍照而遭到网络攻击。这种网络攻击没有讲道理说理由，也没人听你解释，陌生的网民仅仅根据自己的感觉直接在网上公开或者发信息辱骂他人，毫无理性可言。网络暴力（简称“网暴”）甚至成为一些人谋利的工具。元宇宙创作让体验更加真实，发表观点更加便捷，元宇宙居民的唯一身份认证属性能否使发表观点的人更加负责，值得关注。在元宇宙中，是否仍然会出现企图通过网络暴力获得利益的集团，这也是元宇宙面临的现实问题。因此，对元宇宙虚拟社会从技术上、法律上和伦理上进行广泛的探索，仍然是元宇宙创作健康发展的基础。

4. 元宇宙会让人永远沉迷吗？尽管互联网离沉浸式元宇宙还有一段距离，但是微信、抖音、网络小说和游戏已经让越来越多的人沉迷于网络不能自拔。现在的年轻人，特别是“90后”“00后”，时间都被网络游戏塞满，他们不像过去的孩子一样成群结队地出去玩耍，而是组队打游戏、网络聊天。即使一些成年人每隔几分钟不拿出手机看看，就感觉不自在，吃饭前流行先拍照上传然后才吃饭。很多人在网上聊得很火热，但一到线下却变得沉默寡言，无法正常交流，似乎只有在线上才是真实的自己，在现实中只剩下一个无法表达的、孤独的自己。元宇宙是一个更沉浸式的世界，人们在里面的体验更加真实，他们未来是否愿意沉浸在虚拟世界而不愿意回归现实，就像电影《阿凡达》中主角一样永远留在虚拟世界呢？

11

实现工作生活线上线下一体化

METAVERSE

元宇宙不仅改变了人们对世界的认知，还将对人们的工作和生活产生极大的影响，对其充满向往。通过元宇宙，我们不仅能够创造属于自己的未来的空间与场景，还能够将自己的想象与创造，在以数字为基础的空间中自由呈现，不仅展示自己，还向大众推广，最终实现工作和生活线上线下一体化，历史、现实与未来融为一体。

（一）为什么总在虚实之间切换

时下，我们经常听到有人在抱怨，工作多么不如意，生活多么艰辛，世界总是那么不公平，人们对生活、对工作产生厌倦。而在元宇宙的世界，也许这一切都将不再存在，人们可以重新开始生活，对于一切不美好的、不希望发生的，就如游戏一样，重新开始，重新设置。

1. 互联网改变人类生活方式。2020 年，一场突如其来的新冠肺炎疫情无形中改变了人们的生活方式，加速了人类向社会数字化迈进，线上生活成为一定时期内的主流。研讨会、演唱会、毕业典礼等许多真实场景从线下被搬到线上，从现实走向虚拟，而线上与线下融合成为未来发展趋势，一个新的时代已经到来。在未来，你将像一张全息图一样瞬间被传送到办公室，也可以瞬间到朋友的音乐会或者在父母的客厅里，减少通勤时间，减少你的碳足迹。

元宇宙被视作下一代互联网生态的潜在模式。一是现实世界用户与虚拟世界、虚拟设备、虚拟用户在同一空间内产生互动关系，用户可在元宇宙中获得更好的情景体验；二是该世界中的互动过程得到完整保存，可以完整再现；三是虚拟世界中的设备、产品和服务具有明确价值，可以永久保存。虚拟世界与现实世界的界限更加模糊，虚拟世界甚至可能具有现实世界无法实现的高度互联、永久保存、全景再现、高度沉浸等功能和体验，这在一定程度上改变了现实世界的时间和空间概念。

2. 虚拟与现实全面交织。一方面，在元宇宙中，虚拟与现实的区分将失去意义，现实世界中的一切事物都可以在元宇宙中找到映照，而元宇宙中的虚拟事物同样可以对现实世界产生现实影响，元宇宙将以虚实融合的方式深度融入、改变现有社会的架构与运作。元宇宙不会以虚拟经济取代实体经济，相反，其以实体经济为物质基础，并从虚拟维度赋予实体经济新的活力。另外，元宇宙成为与现实世界平行存在的"真实世界"。元宇宙无法替代现实生活，但可以成为人类生存的第二空间，提供另一维度下的全新生活，催生出带有第二身份、理想化生活方式等新的社会维度。由于这一特征，元宇宙亦将产生规则、秩序、法律，产生虚拟劳工、虚实混淆、经济犯罪等虚实之间的灰色地带等需要规范的问题。

3. 在物理和虚拟世界中穿梭。有一句话十分耐人寻味：元宇宙不是虚拟世界，而是现实与虚拟的融合。当我们在玩游戏时，从某种意义上来说是寻求简单的快乐或满足现实中无法达到的欲望。当我们走进元宇宙时，一定希望无论工作还是生活都更开心，否则自然会离开，现实已经那么不开心，自然不会到元宇宙中去自寻烦恼。

如果虚拟现实让你沉浸到在北戴河游泳的环境中，你的所有感知已经完全无法区分现实和虚拟，那么，这和你真的去北戴河游泳还有区别吗？当人的所有感觉器官被技术所欺骗时，可能人就真的不需要躯体了。不需要现实和虚拟融合，因为不再需要现实。

现实世界和元宇宙之间如何维系？元宇宙会引导人类积极探索内心世界，在虚拟世界创造理想生活，这在一定程度上影响现实的社会活动。因此，伴随元宇宙的发展，未来可能形成一种虚拟世界与现实世界的深度互动，在观念、习惯、技术、思维等层面互补和平衡的“双世界”文明形态。

可以预见，因为元宇宙的出现，人可以同时栖居在真实世界与虚拟世界中，导致人的神经感知延伸、意识扩展。

在元宇宙早期阶段，两个世界的互动关系还是通过现实人类不断改变存在身份，以及虚拟机和预言机作为技术性媒介实现的。如果人类和他们的虚拟身份在元宇宙的社会活动和生活方式中获得更多的幸福，将这样的感受和体验带回现实世界，有利于现实世界向善的方面改变，有助于深刻认知“人类命运共同体”理念。

有人认为，在未来，超过 90% 的人类活动，包括科研、艺术、教学、开发、设计，都会在元宇宙中进行。

与互联网不同，元宇宙用户实时体验将有所变化。如果用户对元宇宙作了任何更改，该更改将是永久性的，并且所有人都可以立即看到。与互联网相比，元宇宙的持久性和互操作性将为用户提供更高的身份和体验的连续性。在元宇宙中，用户将不需要有单独的推特个人资料或掘客（Reddit）账户，他们在所有频道上都是一致的。这种身份的连续性是用户在元宇宙上购买和消费内容的关键因素。

在元宇宙中，人们各方面的体验和现实生活中一样真实，并且可以随时完成两者之间的切换，甚至两个世界的物质信息可以互通，比如，你在路边买烤肠，可以用虚拟货币支付一样。

4. 虚拟世界与现实世界具有强烈反差。随着技术的发展，未来我们或许完全不需要通过 VR 眼镜等外接设备，就可以直接通过电信号完美复刻现实世界带来的感官体验。不过，还有问题存在：我们的吃喝拉撒还得在现实世界完成，人类无法跟现实世界完全脱节。一个解决方案是类似电影《黑客帝国》的场景：所有人类的肉体被妥善保存，通过营养液维持生命机能。电影对于元宇宙的描绘极具代表性。在 2045 年元宇宙游戏中，人们可以通过 VR 眼镜，进入虚拟世界“绿洲”。这个虚拟世界与现实世界有着强烈的反差，却又有着非常真实的体验感。在电影《头号玩家》中，元宇宙成为未来人类社会的一部分。《头号玩家》展示了一个通过 VR/AR 眼镜、触觉手套、体感衣、座椅等设备进入的 3D 数字世界，这个元宇宙与现实世界平行，而且相互影响，是现实世界的延伸。另一部相关的科幻电影是《银翼杀手 2049》，讲述的是仿生人 K 的故事。K 是一个与人类看起来几乎完全一样。交流和运动自如的仿生机器人可以执行人类交付的任务。该电影中还出

《黑客帝国 3：矩阵革命》电影剧照

中新图片 / Ic

现了全息投影人，通过光场成像，视觉效果看起来跟真人一样，通过AI等技术可以和人类实现语言交互。还有一部科幻类美国电视剧《西部世界》，则讲述了一家以西部世界为主题的巨型高科技乐园，乐园中的接待人员是看起来与人类几乎一样的仿生机器人，他们可以像真人一样满足游客的各种需求。

电影《头号玩家》展现的虚拟游戏宇宙“绿洲”，被不少人认为是元宇宙的未来。在电影中，主角韦德在贫民窟的破旧车厢里（随地），穿戴上VR设备之后（沉浸感），成为虚拟世界“绿洲”当中的另一个自己——帕西法尔（身份），结识了很多人（朋友，社会关系）。当挨揍时，韦德在现实中的肉身也会立刻感到疼痛（真实感、低延迟）。在“绿洲”，人们可以去任何想去的地方（自由感），通过劳动和竞技可以挣钱（经济系统），逐渐让生活在“绿洲”里的人形成了一套独特的价值理念和文化特征（文明）。

在《头号玩家》中，元宇宙成为现实世界的一部分，连接虚拟世界与现实世界的桥梁似乎越来越清晰地被描绘出来。

（二）永不下线的工作生活空间

人们在元宇宙中的化身的生命是无限的，时间也是无限的。人就像机器一样，可以永不停歇地工作而不知疲倦;现实生活和数字化生活，占领了每天的时间。生活在互联网时代，人们之间的信息交流通过网络可以实现，但在现实生活中还需要去上班，还有很多事情需要去做。

1. 元宇宙让工作不用再奔波。在未来元宇宙世界中，我们每天都可以在虚拟办公室上班。2020年新冠肺炎疫情暴发期间，很多企业都已经实现远程上班。每个人可以通过加入数字化的虚拟公司来赚钱。以前的互联网是娱乐和信息交流的数字化，而未来的元宇宙就是工作的数字化，你的收入来源也可以来自元宇宙。

如果时间倒流到20年或30年前，可能没有人能想象得到，如今我们出门不用带钱包，利用手机就能够支付；我们不用去办公室，利用手机就能够完成工作。那么，你想象一下，未来20年我们可能会遇见什么，我们会如何生活与工作？

正如Facebook创始人扎克伯格所说，未来我们将会生活与工作在元宇宙中，而且可以完成我们想象到的任何事情——与朋友和家人聚在一起，工作、学习、玩耍、购物、创造等。对于当下的我们来说，这将是完全不同的体验，不仅可以亲身体验，而且能够无限遐想。

自古以来，人们都想开辟一个有别于现实的世界，这个世界可以摆脱现实的苦难，孱弱的人在这里是强壮的，贫困的人在这里是富足的，自卑的人在这里是自信的，孤独的人在这里是温暖的……

随着科技水平、价值观念、人文思想、技术工具、经济模式的进步，人们正在试图填平精神世界与现实世界存在的鸿沟。

《雪崩》《黑客帝国》《头号玩家》等所描述的元宇宙，都不仅是游戏，更关乎生活，在娱乐之外还有社交和工作，因而需要一个能连接虚拟世界与现实世界的经济系统。

2. 元宇宙助力实现共同富裕。在元宇宙、数字世界里，我们可以学到很多知识和技能，这些知识和技能将来都能够映射到现实世界，将会产生巨大的效应，会对展览业、旅游业、设计业等行业产生巨大

2022年1月24日，全球首个裸眼3D球幕“美罗元宇宙”亮相上海市徐家汇

中新图片 / 陈玉宇

的影响，会促进数字商品的有形化，可以说，现实世界影响元宇宙，元宇宙影响现实世界。在理想化的元宇宙里，没有自私基因，人们摆脱了物资匮乏的限制，更多的是精神层次的追求。元宇宙中的人会以创造和想象力为荣，以分享为乐、体验重于结果、分享取代自私、利他取代利我。

3. 元宇宙助力城市管理。作为一名城市管理者，我们是怎么工作的呢；目前我们全面了解城市的基础信息和状态信息是怎么得来的呢；我们所知道的情况，大多数只能通过数据收集、分析统计，然而数据收集是存在延时性和不精确性的，所以往往难以获取准确的城市信息。同时，对于城市的运行状态，特别是城市安全状态，目前以事后上报为主，无法即时感知、即时响应。面对这些情况，如果能够充分利用元宇宙提供的实时、沉浸、低延时的特性，城市管理者就能够置身于城市管理中，全面感知城市状态，全面获取城市信息，充分发挥城市管理者的能力。

在城市治理过程中，每天都有可能在城市各个地方出现各类问题，某一个重大问题往往隐藏在一堆小问题中。当前我们主要试图通过分析小问题发现大问题，但总体上来看，效果并不明显。而在元宇宙中，我们可以把城市治理问题通过模拟决策来解决。基于元宇宙与现实世界实时映射的属性，现实中所有人和物都可以在元宇宙中体现，我们可以将所有城市问题全部映射到元宇宙中，再观察事件的动态，提前发现态势的变化，模拟问题处置，为现实世界提供预处置方案。

另外，我们有时会处置应急事件，但如何提升我们的应急事件处置能力呢？在过去，我们都是通过演练来提升的，演练时参与人员多为公务人员，演练以脚本方式进行，全部是按计划按脚本开展，缺少随机性、真实性、全面性。在元宇宙的世界里，模拟一场火灾、水灾等突发事件，是件轻而易举的事情，政府仍然起主导作用，但全民均可参与这场应急事件处置，全面提升应急能力。

同样，我们会在城市建设中遇到规划的问题。由于城市管理部门不同的权责划分，在城市用水、用电、区域规划、道路规划等方面依然存在难以全面统筹、协调性欠缺的问题。在元宇宙的世界，规划变得更为简单，发现的问题更为直观，对于可能存在的问题可以及早发现，并且基于模拟的方式或 AI 的分析提供更新、更有效的规划建议。

（三）仍然继续追逐梦想的故事

在元宇宙里，人们能够一一复制在真实世界所获得的一切快感、荣耀、虚荣、饥饿、爱情、美味等。

1. 专家眼中的元宇宙，具有不一样的生活体验。2021 年 9 月 10 日，中国计算机学会青年计算机科技论坛（CCF YOCSEF）在上海成功举办了一场名为“元宇宙：技术的自我超越还是跨界融合”的特别论坛。许多专家的发言值得我们关注。

中科院计算技术研究所上海分所所长孔华威指出，在元宇宙中，希望可以保持永远年轻，使自己一直处于最佳状态。同时，可以去尝试做一些现实中做不到的事情，如改变自己的身高、体重等物理属性。

2020 年底，腾讯公司董事会主席兼 CEO 马化腾首次抛出了对元宇宙的看法，认为这是一个能够“由实入虚，让用户以数字身份自由生活的全真互联网世界”。

腾讯游戏副总裁刘铭向在接受媒体采访时表示，无论是与文化的深度结合，还是技术带来的体验升级，游戏都将在人类数字生活中扮演更加重要的角色。

上海科技大学信息科学与技术学院执行院长虞晶怡强调，元宇宙中除了技术载体以外，更重要的是交互功能。用户可以随身携带个人数据，购买数字商品并获得自己喜欢的服务。

畅想未来，消费、金融、教育、工作以及生活服务等现实生活元素都有望转向虚拟世界，而随着各个赛道都融入元宇宙体系，虚拟和现实的边界又将逐步打通，并且完全开放。

2. 元宇宙和“后人类社会”。元宇宙为人类社会实现最终数字化转型提供了新的路径，并与“后人类社会”发生全方位的交集，展现了一个具有与大航海时代、工业革命时代、宇航时代同样历史意义的新时代。当人类将自己的价值观念、人文思想、技术工具、经济模式和宇宙认知结合在一起的时候，被赋予特定内涵的宇宙就成为元宇宙。这样发展下去，人们很快可以随时随地切换身份，穿梭于真实世界和虚拟世界，任意进入由一个虚拟空间和时间节点所构成的元宇宙，在那里学习、工作、交友、购物、旅游。对于这样的经济系统、社会系统和社会生态，人们现在的想象力显然是不够的。[1]

在元宇宙的早期，现实世界中的人们通过数字映射的方式获得虚拟身份，通过数字化，实现对人的生理存在、文化存在、心理和精神存在的虚拟化配置，进而成为元宇宙的第一代原住民。这些原住民具备现实人与数字虚拟人双重身份，拥有自我学习的能力，可以在元宇宙中互动和交流。

如果说元宇宙的本质是信息块，那么信息视角下的生命是什么？作为虚拟数字人，完全可以被想象成为一个信息构成的网络。元宇宙的主体，生物人、电子人、虚拟数字人、信息人，最终都演变为有机体和无机体，人工智能和生物基因技术的结合，形成所谓的“后人类”。现实人和他们创造的虚拟数字人，正在形成新的社会关系与情感连接，

---

1 参见朱嘉明:《“元宇宙”和“后人类社会”》,《数字资产研究》2021 年 6 月 20 日。

成为开拓元宇宙边界的先驱者，并在虚拟新大陆上构建“后人类社会”。

3. 憧憬充满自由的元宇宙。现实世界里，当我们不快乐时，就会憧憬充满自由的元宇宙。真实世界里，我们有升学压力，需要为赚钱买房焦虑，需要应付工作群里的各种信息，就算放假、过节回家，还有父母和一大堆亲戚排着队劝说我们赶快找对象、赶快结婚、赶快生娃。我们希望有朝一日，可以制造出自己的意识分身，让这个分身摆脱肉体，摆脱物理空间的限制，去更遥远的地方、与更多的人交流、去体验更多的未知。有人认为，“元宇宙，不是一个可实现的未来，而是人类底层对摆脱肉体限制的渴望”。我们可以随时随地进入一个虚拟世界，然后在那个世界里，随意切换身份、去想去的地方、完成想完成的任务。元宇宙是“心”的绽放，是“梦”的具象，是“我思故我在”的全息展现。

4. 未来生活可能被改变？人类生存不能脱离现实，但是，生而为人又确实会有一部分游离于现实之上的精神需求。满足这种精神需求最好的处所，就是元宇宙，它成为我们每个人的第二个世界，承载着人类更美好的、梦幻般的宏大愿景。在未来的元宇宙，我们的生活可能会被改变，随时随地去逛商场与购物已不再那么遥不可及。

突如其来的新冠肺炎疫情，改变了教育模式，家庭教育将不再是现有的方式，有了全新的含义。为了减少降低疫情蔓延的风险，各地的学校都选择了停课，让学生在家里学习。学生们虽然无法到学校去上课，但这带来了学校和整个教育界之间新的沟通、协作和对评估方法的创新。在未来的元宇宙中，面对这个情况，我们就可以利用元宇宙所具有的沉浸感，改造教室使其具有更多的教学互动，学习的过程甚至可以游戏化。到那时，拥有最好的数字基础设施的大学将成为新一流大学。

对于旅行，大家最不愿意面对的事情就是受到限制。希腊和埃及VR 旅游，现在十分受欢迎。在那里，开发者让游客沉浸其中，并重现了美国内战等事件。游客不仅可以跨越国境而不必离开自己的家，还可以让时间倒流。还有一些旅游元宇宙的 App 计划使用 MR 技术，指导司机、提供景点相关的更多信息，将旅游攻略聚集在一起，以让游客获得更加愉悦的体验。比如，参观博物馆的人可以自动收到更多的展品信息。另外，对于想在国际大学学习的学生来说，费用将随着住宿和旅行需求的降低而大幅度降低。

对于一些喜欢聚会的朋友来说，在疫情防控期间进行更多的视频互动成为生活的乐趣。一些 App 试图教会人们在家里举行聚会。从很多方面来看，这比在现实生活中参加聚会要容易得多。然而，它确实缺乏真实生活派对的“外观和感受”。元宇宙正在寻找弥合这一鸿沟的方法。

在元宇宙中冒险。现实生活是不够刺激的，不然，你怎么解释有些人会无止境地追求刺激，游览主题公园、参加跳伞等冒险活动呢？随着 VR 技术的进步，即使普通人也可以体验刺激的生活。例如，10 个相距遥远的朋友可以去参与皮划艇、赛车、爬山、跳伞、坐过山车等活动，甚至去太空旅行。有些游戏玩家已经体验到了它的乐趣。像 *Second Life*、*EVE Online*、*Minecraft* 已经让用户体验到，一个完全虚拟的世界可以对现实世界进行复刻，并且拥有社会的功能和规模经济。

元宇宙是多种多样的，应用也是多种多样的。元宇宙融入我们的生活后可能改变我们在数字世界生存所需的技术。App 可以通过简单地使用摄像头获得元宇宙的功能，比如，内置在任何笔记本电脑或手机中的摄像头。这将使它们能够在 MR 模式下运行，这意味着你的电脑或手机屏幕显示的是摄像机拍摄的真实世界，但上面有一个半透明层，由 App 提供，就像《口袋妖怪 GO》(《精灵宝可梦》) 的用户界面。更有雄心和更全面的元宇宙 App 使用 VR 耳机，而不是像 Oculus 这样的头显设备。反过来，VR 耳机的顺利运行需要一部高端手机，或者一台功能强大的电脑，并配有性能优异的显卡和处理器。VR 耳机在移动时不方便使用，但对于希望员工在家办公的公司来说是一个福音，它提供了沉浸式体验。

5. 告别通勤，体验穿戴式远程办公。Facebook 以前曾向全世界宣布，将在元宇宙领域打造一个虚拟现实工作空间——Horizon Workrooms。2021 年 8 月 19 日，Facebook 发布了该程序的免费测试版。这是一个用于远程协作的 VR 应用程序，通过 Oculus VR 设备，用户可以轻松访问网上的 3D 虚拟办公室。

在虚拟办公室里开展工作，不同于 Zoom 这样的视频会议软件，通过 Oculus VR，用户能够在虚拟现实工作空间中看到对方的虚拟形象，空间音频技术还可以使用户听到来自不同位置的声音。所以，发生在办公室的活动都可以被复制到虚拟世界中，甚至不同办公室之间的同事们还可以随时“串门”来开会。

在 Horizon Workroom 的广告中，用户在家戴上 VR 设备，扫描桌面就能进入虚拟办公室。用户可以打个响指来改变今天的穿戴，也可以像正常打字一样敲击虚拟办公室中的键盘，甚至可以把设备当成一支笔在空中写写画画，以在虚拟的白板上阐述自己的观点。正如该公司在博客中所表示的，使用混合现实桌面和键盘跟踪、手部跟踪、远程桌面流媒体、视频会议集成、空间音频等功能，我们能够创造不同的生产力体验。

很多专家认为，元宇宙不仅会影响我们的工作和日常生活，还会对整个社会产生根本性的影响。这是一个公平、自由、想象力溢出的完美世界，人们可以自由地变换身份、变换相貌，随心所欲地做在现实生活中不能做的事。元宇宙代表完全沉浸式的 3D 数字环境，以及更具包容性的网络空间。最终在技术的辅助下，会成为一个跨越所有表征维度的共享在线空间。

6. 元宇宙的其他应用价值。在经历了前三次工业革命后，第四次工业革命正在创造一个线下和线上相遇的融合世界。这种融合发生在不同领域，制造、物流、金融、汽车、体育、医疗保健、教育、食品和日常生活等，现实世界和数字世界的互联共通正在变成现实。

有思想的人似乎可以看到，世界来到了一个拐点，第四次技术革命已经接近尾声，第五次技术革命还虚无缥缈，而我们已经明显感觉到，要过更好的生活，但资源不够了。怎么办？戴上耳机和眼镜，找到连接终端，就能够以虚拟身份的方式进入由计算机模拟、与真实世界平行的虚拟空间。

在元宇宙的时代，普通人生活在元宇宙中，都去游戏里赚钱，那么，谁来生产？很简单，AI 来生产。普通人将不再工作，工作将是少数人的专利。元宇宙的时代，“工作”会成为一件奢侈品。这里的工作指的是我们今天看到的现实中的工作，而更多的人选择在虚拟空间工作。

在智能化、无人化发展趋势下，元宇宙未来能创造更多的就业机会以及收入来源。2020 年突如其来的新冠肺炎疫情，一方面影响了大多数行业的正常运行，另一方面导致制造业加速向无人化、智能化转型升级。全球失业率升高，2020 年 4 月，美国的失业率达到历史高位 14.7%，中国的城镇登记失业率在 2020 年 9 月也达到了阶段性高位 4.2%。在智能化、无人化的趋势下，很多行业的人面临失业的风险。

7. 需求实现的满足感。在元宇宙里，理论上你也没有资源的限制——可以拥有无限多的资源，可以拥有无数套房、无数辆豪车、无数个名牌包……只要计算资源允许，甚至每个人都可以拥有自己的元宇宙。那么，既然几乎没有限制，为什么还“不再快乐”呢？因为快乐源于“预期差”。几乎什么都做得到，要什么就有什么，你就不会有“求之而不得”的感觉。就算你得到了一切，也会觉得这是理所当然的。

在这种情况下，当物质需求得到满足后，人们会追求精神需求，元宇宙的发展匹配这些需求。元宇宙为什么能解决这些问题？因为真假难辨的沉浸式体验是元宇宙的核心特征，它能够满足人的精神需求，使人能够身临其境。真假难辨的沉浸式体验是元宇宙产品与以往手机、电视等产品最直观的差别。在元宇宙世界里，我们可以进行沉浸式学习、购物、教育、旅行等，并通过以活动为导向的方式（如游戏）给人更沉浸的体验，身临其境，真假难辨。通过开放的创造系统，满足人的尊重需求、自我实现需求；通过立体式的社交网络体系，满足人的社交需求；依靠去中心化的经济系统，创造更多的就业机会及收入来源；通过多样的文明形态，满足人的精神需求。

8. 全新模式的工作生活场景。人与人、人与信息、人与商品 / 服务的连接与交互是互联网商业化的基础。从 PC 互联网到移动互联网，随着信息入口发生改变，人与人、人与信息、人与商品 / 服务的连接关系也将发生改变，我们称为“场景革命”。当这些关系或场景发生变化，承载在这些连接之上的商业形态将进行颠覆式创新。那么，在今天元宇宙的发展趋势下，社交、商务、信息获取方式以及内容生产和消费都将涌现出全新的模式。2021 年 11 月 3 日，韩国首都首尔宣布了一项计划，在元宇宙中开展各种公共服务和文化活动。如果这项计划成功，首尔民众就可以佩戴虚拟现实眼镜参观虚拟市政厅，处理各项事务，从参观历史遗迹到提起民事诉讼，不一而足。在教育行业，基于混合现实（MR）技术的沉浸式教学可以让学生对所学的知识有身临其境的感受，从而更容易记忆和掌握知识。在娱乐行业，3D 电影、游戏、虚拟演唱会等都已提供线上、沉浸式场景等在线体验；线上协同、线上办公、线上会议已经逐步被人们所接受。

中国科幻作家刘慈欣曾经在短篇小说《不能共存的节日》中如此描述：“这个突破之后，脑机连接技术将走上康庄大道，将飞速发展。很快，互联网上连接的将不是电脑而是大脑，接下来顺理成章的是，人的记忆、意识和全部人格将能够上传到计算机和网络中，人类有可能生活在虚拟世界中，虚拟世界，你想想，在那里人什么都可以做，想什么就有什么，像上帝一样。在那里一个人可以拥有整个星球……”

9. 移动社交与元宇宙。20 年前，在网络尚未普及的时代，人们使用博客、BBS（论坛）、社区来进行沟通。不过，传统论坛的局限在于各个论坛初创时大多设置单一的属性方向，如早期的天涯社区做明星八卦，游侠论坛做单机游戏方向。后来出现了整合型的社区——百度贴吧，百度贴吧的火热是在网民数量扩大并且变革时代人人都想在网络社区发表自身观点的背景下产生的。同时，随着智能手机的普及，移动社交软件也开始萌芽，为首的就是腾讯微博与新浪微博。后来微信的横空出世以及陌陌的应用，标志着我们的主要社交需求已经以移动社交平台为主体。如今移动端社交产品层出不穷，各个软件也搞各自的玩法。

元宇宙就是社交网络从 2.0 向 3.0 的跨越，这个社交网络体系相比此前平面化的 1.0、2.0 时代，呈现出立体化、沉浸式的特点，每个人都有自己的实体形象，有比现实社会更加丰富的娱乐、休闲、办公、游戏场景，基本上就是一个基于现实的大型 3D 在线世界。社交网络 3.0 的广度之广、深度之深，也许已经超过了每个普通人的想象，不仅由人与人组成，在这张网络中还有海量的组成元素，包括游戏、音乐影视视频内容、办公与会议体系、虚拟消费品甚至虚拟房地产、虚拟经济体系。

当我们尝试着用终极思维思考 100 年后的 2121 年，建构通往未来的人类社会，也就看到了未来最大的改变将会如何发生：以元宇宙为终极形态的信息革命，衍生出了诸多的数字产品，并且可以将这些产品囊括在元宇宙的大概念之下，最终转变为人类社会方方面面的解决方案。

PERORATION

结束语

2021年初，“元宇宙”这一词语充斥于互联网，遍布于科技新闻及各种媒体报道中。一时间，“元宇宙”风起云涌般来到了人们的面前。那么，元宇宙到底为什么如此火爆呢?

第一，元宇宙是新型技术涌现的必然结果。18世纪60年代，第一次工业革命的爆发引起了世界范围内的工业变革。现在看来，第一次工业革命绝非一夜之间发生，而是无数科学家和企业家孜孜不倦地探索，无数能够支撑蒸汽机变为现实的科学技术的不断积累，引燃了蒸汽机诞生的导火线，带来了工业革命的春天，世界经济在持续了几十年的春风中发展壮大。到了19世纪60年代，第一次工业革命达到了发展的顶端，但是人类追求进步的脚步并没有停歇，技术的积累催生了一系列重大发明。比如，1866年德国人维尔纳·冯·西门子研制出了世界上第一台发电机，为后来人类进入电气时代奠定了基础，今天看似再普通不过的电灯、电车成为当时的世界奇迹；到了19世纪七八十年代，内燃机面世了，这样一款以汽油和煤气为燃料的动力装置加速了第二次工业革命的到来。不可否认，第二次工业革命显著提升了人类的生产力，也扩大了人们的活动区域，更改变了人类的生活方式，也增进了人与人之间的交流。比如，交通出行更加方便快捷，大大延伸了人类的活动区域，也就推动了人与人之间的交流。持续近100年的第二次工业革命的技术积累催生了第三次工业革命。从20世纪四五十年代开始，以原子能技术、电子计算机技术、空间技术的发明运用为标志的第三次工业革命到来了。在原子能方面，美国和苏联分别在1945年和1949年成功研制出了原子弹。刚刚成立的新中国在一穷二白、极其困难的条件下，于1964年10月16日成功爆炸了第一颗原子弹，并先于法国成功爆炸了第一颗氢弹，为世界所惊叹。20世纪四五十年代，美籍匈牙利科学家约翰·冯·诺依曼带来了电子计算机领域的巨大突破，催生了第一代电子计算机。就在1946年2月，一台名为“埃尼阿克”（ENIAC）的计算机在美国研制成功，这也是世界上首台通用电子数字计算机。正是在第三次科技革命的进程中，互联网作为一个新生领域破茧成蝶。第三次科技革命带来了信息技术、网络技术、电子技术的蓬勃发展，带来了科技、经济、军事等领域的巨大变化。

在元宇宙时代的初期，在向第四次科技革命阔步前行的今天，一些新的技术、新的概念、新的创新不断聚集，也在不断实现。如果说前三次科技革命，更多的是人类对现实世界的一种探索，而现在人类对虚拟世界的探索比重不断增加，人类想在虚拟世界中感受现实般的存在。2014年，谷歌公司举办了年度I/O开发者大会，在这次大会上一款“Cardboard”纸盒成为令人惊艳的产品。其实，这是谷歌公司推出的一款廉价3D眼镜，简单的纸板、透镜、磁石、NFC贴片就是这款眼镜的主体。如果与智能手机搭配使用，看似其貌不扬的产品就变成了一个虚拟现实设备，这的确令人震惊。尤其是近几年，人类在视觉增强、触觉增强、嗅觉增强等感官增强方面的探索和研究取得了进步，一些 VR、AR、MR 设备逐步登台，为人类提供了更好的体验。现在，我们无论是在北上广等大城市，还是一些乡村小镇，都可以通过感官增强设备漫游法国时尚都市巴黎，感受时装之都的景象，甚至可以到一家香水店闻一闻不同香水的味道。当然，这些只是现代信息技术的冰山一角，正是众多新技术的积累才是元宇宙能够成为热点的基础。

第二，元宇宙是各行各业自我突破的方式。技术的积累推动了各行各业的快速发展。按照摩尔定律，各行各业会按照一定的周期快速发展，这显然已经成为一种必然规律。随之产生的问题是，无论哪一行哪一业在经历了长时间周期性的发展之后必然会进入瓶颈期。比如人工智能领域，这是研究开发用于模拟人工智能方法技术的一个领域，原本属于计算机科学的一个分支，目的是制造出一种与人类智能程度相似的智能化机器。从涵盖的技术来看，人工智能包括机器人制造、语言识别、语言处理等多门技术，还包括心理学、行为学等领域。目前，人工智能产品不断涌现并应用于现实。比如，虚拟个人助理，这是我们最常接触和使用的人工智能代表产品之一。也许有人会提出质疑，难道我们还有一个拟人化的助理，我怎么没有感受到呢？其实，虚拟个人助理的代表 Siri、Cortana 等是基于不同类别原生系统的语音化虚拟助理，或者称为“智能数字个人助理”。在国产系统中也有很多，百度的“小度”、华为的“小艺”等，都属于智能个人助理。我们经常使用百度地图，智能助理“小度”会问“可以告诉我，想到哪里去”，在行驶的过程中告诉我们不要超速、周围有什么名胜古迹、当地风土人情等。人工智能领域技术实际应用的实例还有很多，我们在实际生活中已经接触和使用了。现在，许多网站都提供一个客服在线窗口，通过这个窗口我们可以与客服互动交流、解决问题，很多时候与我们进行交流的是一个人工智能应用。当然，这种人工智能多数情况下的回答非常简单，甚至仅能解决一些初级的共性问题。看似简单的一个现象，其背后是自然语言处理（NLP）技术支持，只是初级阶段自然语言处理技术，还存在一定的缺陷，还无法达到类似人与人沟通的境界。如果真的实现了，这些人工智能客服就可以真正代替人类进行服务了。还有一类应用也是我们日常接触非常多的，那就是商品购买预测。人工智能技术应用已经遍布各大销售平台，为用户提供的购物感受在逐步提升。随着人工智能技术的发展，未来的电商平台将会加大人工智能的应用力度，提前预测客户的需求，精准推荐产品。亚马逊公司就在利用人工智能开展一项预期运输项目研究，就是提前预测用户所要购买的商品，提前将商品装车，只要用户下单购买，那么，用户很快就可以收到商品。不难看出，技术聚集积累下的各行各业都需要解决瓶颈期的问题，元宇宙就成为各行各业的一个突破口。

第三，元宇宙是人类探索新世界的重要途径。元宇宙脱胎于互联网的虚拟世界，这个虚拟世界并没有独立于现实世界，而是与现实世界共生共存。两者相互影响、相互促进，出于这样的认识和理解，元宇宙也就成为人类探索新世界的重要途径。在由阿帕网演变至互联网1.0时代之前，初始的由计算机相互连接的网络并没有引起人们特别的关注，大多数人甚至认为这不会给我们带来什么改变。可是在互联网的演进过程中，尤其是在互联网2.0时代经历一段时间的发展，人们感受到了互联网带来的巨大变化，将注意力转向互联网领域。今天的元宇宙有些不同，因为其一经诞生就吸引了世界的目光，因为人们想通过元宇宙去实现对未来的探索。

人们向往星辰大海，向往征服太空。元宇宙能为人类的太空探索带来什么呢？元宇宙存在于虚拟的网络空间内，在这个虚拟空间内人类可以超光速探索更深远、更恢宏的虚拟宇宙空间，在那里也许存在一个全新的文明国度，也许与我们想要探索的星辰大海一样星罗棋布。试想，在我们进行物理空间的太空探索过程中，元宇宙会不会助我们一臂之力呢？答案应该是肯定的。

元宇宙对于人类而言，是一个空间、一个世界，但在现阶段，更是探索未来世界的一种工具或途径。通过元宇宙的六大要素，我们可以在虚拟空间内建立浩瀚宇宙的模型，将整个宇宙呈现于虚拟空间。这并不是一种异想天开的想法，记得扎克伯格曾有这样一句很有煽动性的话："你今天有多少物理的东西，在未来可能只是全息影像。"既然如此，现实世界就会不断呈现于虚拟空间之中，高楼大厦、亭台楼阁、大江大河、云雨风电，直至整个星辰大海都会呈现在里面。这样可以让更多人感受到物理宇宙的奥秘，也会吸引更多人才投身于对浩瀚宇宙的探索。如此下去，原本两个平行的世界就会出现相互作用的交会点，元宇宙将助力于人类对宇宙世界的探索。当然，这也需要全人类的共同参与。

时至今日，无论你接受与否，元宇宙都已经来了，而且已经萦绕在我们周围。对于元宇宙这个新事物，人们的反应不尽相同，有的人欢呼雀跃，有的人望而却步；有的人跃跃欲试，有的人保守观望。现阶段，我们不去争论元宇宙好与坏、对与错，希望元宇宙在发展过程中能够带给我们更多收获。目前，我们暂且将元宇宙作为现实生活的一种映射吧。近阶段有关元宇宙的种种论述，使它的神秘面纱渐渐褪去，现在元宇宙更多地体现在对物理世界的模拟实现。如果扎克伯格有关元宇宙的设想具有一定的合理性，那么当下的元宇宙更多的是将现实世界的事物以三维或多维的方式展现在虚拟世界中，正符合“元宇宙”中“宇宙”两个字的意味。再通俗一些，元宇宙可能是现实世界的一种映射，也可能是数字孪生的虚拟人类，但这都是对现实的物理世界时空的一次突破。

科幻小说《雪崩》的作者尼尔·斯蒂芬森当时绝不会想到，他使用的“元宇宙”一词已经成为当今的热点，更不会想到会引起如此大的轰动。在小说中，元宇宙只是一个虚拟的 3D 空间，人们以虚拟的形象通过各种软件进行交流。而当下在吸收了几次科技革命的技术成果，加之互联网的升级演进，再辅以人工智能、区块链、虚拟现实等技术的强势加持，元宇宙的知名度提升到了一个新的高度。这个科技与想象融合的产物必将形成新的发展趋势，也将会给现实世界中的人类生活带来一定的影响。

第一，元宇宙推进代码开发简单化。在当代，映入眼帘的是各种各样的信息技术成果，各种生产生活工具、游戏娱乐方式、信息交流方式更新了人类的传统认知，似乎在告诉我们这个世界一直在改变。20 世纪向 21 世纪迈进的二三十年间，是信息技术井喷式爆发的一个集中时间段，互联网、数据、云计算、人工智能、5G/6G 通信、区块链等一系列技术快速发展并融入社会。元宇宙是这一时期的一个集各种新技术于一体的综合体，将让我们的生活工作简单化、便捷化。在代码开发方面，现在的代码开发更加简单化、可视化，便于任何有想法的人进行开发。20世纪90年代，计算机软件开发成为大家选择的一个热门专业，大家争先恐后地学习各种计算机语言。学过编程的人肯定有深刻的体会，其学习难度、开发难度究竟有多大。现在不同了，各种应用开发的门槛大大降低，原因在于元宇宙的发展要求应用开发的低代码化。现在的低代码开发平台将原有代码集成化后形成不同类别、不同功能的高级程序工具，并且以直观的方式提供给开发者。同时，低代码开发平台也大大提高了应用开发的工作效率。目前，低代码开发平台比较丰富，摆脱了原始的编程方法，不再需要人工输入代码。比如，飞算云智公司推出的飞算SoFlu全自动软件工程平台，已经实现了可视化开发，只需要用鼠标拖动平台组件，设计并勾画好流程图，编程的工作就留给后台去实现。倪光南院士对此给出高度评价，认为这一平台针对软件行业的痛点给出了很好的解决方案。

第二，元宇宙保持存在的可持续性。元宇宙已经孕育并展示在世人面前了，那么，元宇宙会像疾风一样一刮而过吗？目前看来，元宇宙的出现，在各种技术的支持下会保持自己的可持续性。元宇宙能够被资本追捧，说明它有一定的合理性和可实现性。在2021红杉数字科技全球领袖峰会上，DST Global（俄罗斯投资集团）创始人尤里·米尔纳（Yuri Milner）在聊到元宇宙话题时表示，元宇宙平台只可能由大型企业创建，因为真正要建立核心平台需要很多投资，每年都需要投入几十亿美元甚至更多，而且需要持续10—20年，只有大型企业才能做到。这也从侧面说明元宇宙发展的长期持续性。他还指出，元宇宙不仅对软件，也对新的硬件开发甚至新的处理器有要求，而硬件投资同样需要很大的投入。元宇宙需要使用大量的传感器，才能做到和人体无缝协作和互动，去模仿人类的动作，传感器还要足够小，不能影响人的正常动作，这本身也需要非常大的投资。元宇宙是一个极为开放的环境，需要围绕这些硬件做大量的应用程序开发。如今，各大互联网巨头凭借大量资金快速入场，如字节跳动、腾讯、网易、百度、Facebook 等业界翘楚等。由此可见，元宇宙还会带来软件、硬件及开发平台等产业的长期大量投入，也充分说明了元宇宙的长期可持续性。

第三，元宇宙将在融合集成中发展。元宇宙今天的出现是为了明天更好的发展，也是为了更好地服务于人类。回顾人类发展的历史进程，每一次技术革新都带给人们意想不到的结果。春秋战国时期，人们认为人类移动的速度主要取决于马的速度，最快的马展现的速度就是人类进行空间移动速度的极限。然而，汽车的发明带来了人类移动速度的量变，更突破了之前人类移动速度的极限。飞机面世之前我们无论如何也想不到人类会像鸟一样在天空中翱翔，当时人们甚至认为莱特兄弟简直就是疯子。21 世纪初，有线电话开始在我国普及，移动通信只是少数人的通信工具，大部分人不会想到原来视频通信已经来到身边，即使远隔万里，视频通信都会让我们与对方进行实时视频通话。这说明科技的一次次发展，让原本的不可能成为现实，更加贴近我们的生活，造福人类。同样，元宇宙这个新兴技术大集合体也会在发展中不断造福人类社会，提高人类的生活质量。随着 5G/6G 网络、人工智能、大数据、物联网、区块链、VR/AR 等新一代数字技术的快速发展，元宇宙也将构建一个物理世界和数字世界相互融合的新型数字空间，塑造未来世界发展的新形态。数字技术将集成应用到全人类、全社会、全行业、全领域，通过打造不同的应用场景驱动元宇宙时代的行业发展。通过深度学习和人工智能技术的融合，智能机器将会替代人类从事一些重复、琐碎的工作；通过 VR/AR 等智能穿戴设备，实现计算机与人类感官互动，实现对太空探索、宇宙飞行等的虚拟控制；通过 5G/6G 网络实现实时连接，实现人与网络虚拟空间的实时链接；通过区块链技术，建立一种可靠安全的交易方式。这所有的一切都将是元宇宙在发展过程中可以实现的。

元宇宙的未来充满希望，也充满挑战。元宇宙的出现引来了无数科技人员、投资者的加入，这些人为之疯狂；同时，很多的批评者、反对者，担心元宇宙将人类带向毁灭。无论是认可还是担心，其实都是正常现象，也是能够保证元宇宙沿着正确道路前进的一种约束。我们知道，根据相对论，任何事物都具有正反两个方面的特性，人类对这一理论有着清醒的认识。比如，原子能本来是造福人类的一项科技，为人类解决能源问题，然而因为贪婪与自私，一些人将原子能引向了毁灭人类一方，这是人类给自己造成的伤痛。面对元宇宙的产生与发展，我们同样需要保持清醒的头脑，尽最大努力降低其发展进程中带来的风险。世界是由物质和精神两个部分构成的，单一的物质存在会使人类没有感情，没有精神追求，最终走向灭亡；单一的精神存在同样会使人类缺少基本生存物质，走向灭亡。既然如此，人类在元宇宙的演进过程中要极为关注物质与精神的共存，既不能因为追求物质宇宙而舍弃虚拟宇宙，更不能因为追求虚拟宇宙——元宇宙而脱离物质宇宙，否则元宇宙将成为无源之水、无本之木。为此，我们需要在其演进过程中加以严格约束和限制。作为地球上的智慧种群，我们有理由相信，在人类的共同努力下，元宇宙会在演进过程中带给人类更多的回报。

P O S T S C R I P T

后 记

2021 年，“元宇宙”概念从科幻走入现实。本书以元宇宙的技术实现和产业应用为主线。一方面，对元宇宙实现所需的虚拟现实、人工智能等核心技术进行阐述，呈现元宇宙与新型技术的融合发展态势；另一方面，本书试图构建元宇宙的产业应用场景，如游戏、社交、消费、内容创作等，阐明元宇宙对人们未来工作和生活的影响，使读者熟悉科技领域创新发展的方向，思考产业领域加速创新的顶层设计，以实现中国未来的产业和科技的全面创新。

本书由郑刚担任主编，田雨川、周继文、谢文、任立亚担任副主编。各章的撰稿人为：第一章，郑刚；第二章，谢文、郭海艮；第三章，陈颖；第四章，王建锋；第五章，周继文；第六章，田雨川；第七章，谢文；第八章，王建锋；第九章，陈颖；第十章，田雨川、陈思儒；第十一章，周继文；结束语，郑刚、任立亚。最后，郑刚、田雨川对全书进行了统稿并定稿。

本书在编写过程中，参阅了诸多专家学者的研究成果，得到了国防大学学科学术带头人洪保秀教授的精心指导，在此一并表示感谢。由于时间仓促和作者水平有限，本书难免存在疏漏，敬请读者批评指正。